中国碳金融交易市场的风险及防控

陈曦 岳文飞 赵玉辉 著

吉林科学技术出版社

图书在版编目（CIP）数据

中国碳金融交易市场的风险及防控 / 陈曦，岳文飞，赵玉辉著 . -- 长春 : 吉林科学技术出版社，2021.6
ISBN 978-7-5578-8304-1

Ⅰ . ①中… Ⅱ . ①陈… ②岳… ③赵… Ⅲ . ①二氧化碳—排污交易—金融交易—风险管理—研究—中国 Ⅳ . ① F832.5

中国版本图书馆 CIP 数据核字 (2021) 第 122296 号

中国碳金融交易市场的风险及防控

著　陈　曦　　岳文飞　　赵玉辉
出 版 人　宛　霞
责任编辑　端金香
封面设计　赵　冬
制　　版　赵　冬
幅面尺寸　170mm×240mm　1 / 16
字　　数　200千字
印　　张　10.375
印　　数　1–1500册
版　　次　2021年6月第1版
印　　次　2022年5月第2次印刷

出　　版　吉林科学技术出版社
发　　行　吉林科学技术出版社
地　　址　长春市净月区福祉大路5788号
邮　　编　130118
电行部电话 / 传真　0431-81629529　81629530　81629531
　　　　　　　　　　　81629532　81629533　81629534
储运部电话　0431-86059116
编辑部电话　0431-81629518
印　　刷　保定市铭泰达印刷有限公司

书　　号　ISBN　978-7-5578-8304-1
定　　价　48.00元

前　言

　　当代人类社会的进步主要体现在技术上的进步，而推动技术进步的本质是技术进步背后的思想。碳金融技术是现代金融技术的一个分支，是用金融技术手段促进节能减排，是更好地服务人类实体经济发展的现代金融的创新。现代金融管理和发展的核心在于风险管理，而碳金融交易市场的风险及防控则是碳金融管理和发展的技术核心。因此，研究"碳金融交易市场的风险及防控"具有重要的理论意义。

　　二十一世纪初，全球气候极端天气与雾霾天气增多使得人类前所未有的关注并重视低碳经济发展。尤其是 2010 年 12 月 11 日，《联合国气候变化框架公约》第十六次缔约方坎昆气候变化会议的召开，参与各国进一步加深了对全球气候变暖的认识；2011 年以来，全球极端天气多发、多个国家 PM2.5 连续出现新高；2013 年以来，中国局部地区大面积雾霾天气持续时间再创新高；2014 年作为全球最大碳排放国的美国和全球最大发展中国家的中国达成了《温室气体减排协议》。根据中美双方的协议，中国的温室气体排放量力争从 2030 年左右开始减少，这一减排目标将为中国碳减排市场带来巨大的发展机遇。因此，加快建立中国碳减排市场及与之相适应的碳金融体系，实施碳金融发展战略具有重要的现实意义和长远的战略意义。同时已有越来越多的专家学者和政府官员发表报告并建言：以碳金融手段支持节能减排、产业结构调整、化解产能过剩和解决环境危机。

　　从国际角度看，人类面对气候变化的长期挑战，需要通过对实体经济的产业结构调整、节能减排和创新清洁能源替代高耗能高污染高碳能源等方式来实现科学可持续发展。金融是经济的核心，金融技术能够在服务实体经济中起到促进、调节和引导作用，实现经济的产业结构调整、节能减排和创新清洁能源发展。金融技术这种作用的发挥就是靠碳金融交易和碳金融产品的创新，于是在国际上碳金融交易市场伴随着碳排放权交易的出现应运而生。

　　碳金融是以金融的方法来解决实体经济的问题，正是抓住了主要矛盾，抓住了核心，而用碳排放权交易及碳金融方法解决低碳经济发展，恰恰能够引导和解决好世界乃至中国的产业结构、经济结构，甚至能够改变我们人类的经济发展模式、消费模式，更甚至会改变我们的生活模式，这些改变必将使得碳金融一盘棋走活，中国低碳经济可持续发展的满盘棋皆赢。

金融管理的核心是风险管理，碳金融是依托碳排放权交易的金融行为，因此作为金融范畴的碳金融管理和创新，其核心必然与风险的识别、价格风险分析和管控紧密联系。由此，发展好碳金融交易市场必须首先厘清碳金融交易市场的风险，然后依据风险价格模型，通过逆向建模的方法设计出不同风险特征的市场交易产品和衍生产品，这样碳金融交易的风险才能更加可控、交易品种也才能更加丰富。

当前中国碳金融制度尚不完善，碳金融体系及相关配套措施发展滞后。中国要发展好碳金融交易市场必须把控好风险，只有这样，政策制定者和监管者及碳金融产品的利益相关者才都能依据风险模型管控风险，碳金融交易市场才能更加繁荣，更好地发挥其作用服务好实体经济的发展。

近年来在国际市场，包括中国经核证的减排量 CCER（英文全称为 Chinese Certified Emission Reduction，）、清洁发展机制 CDM（英文全称为 Clean Development Mechanism），碳基金、碳税、碳排放权现货和期货交易等碳金融相关业务创新不断涌现。目前中国传统能源在发展经济过程中占据能源消耗的 80% 以上，高耗能、高排放、高污染、低效率的情况使中国经济的可持续发展面临严峻的挑战。因此，中国急需探索建立适合低碳经济发展配套的碳金融交易市场。

我们把碳排放权交易及其金融活动的市场统称为碳金融交易市场，随着我国碳金融交易产品的不断涌现，交易产品的价格波动等风险也同时暴露出来。因此，人们在碳排放交易市场价格波动和风险暴露后，进一步加深了对碳交易和碳金融风险的认识和重视，但对中国碳金融交易市场的风险及控制仍缺乏系统和科学的认知。在这种发展背景下，中国碳金融交易市场的统一、风险及防控，倍受到关注。

文章从碳金融发展的经济学原理入手，分析了国内外碳金融的交易模式、交易工具和衍生产品，再从碳金融交易市场体系，深入分析科学分类市场交易风险，比较交易市场的价格波动风险，结合发达国家经验，提出了我国发展碳金融交易市场的风险及防控政策建议，对完善中国碳排放交易相关机构内控体系建设和国内统一的碳金融交易制度和平台建设具有现实意义，与此同时，进一步通过基于风险模型逆向建模的碳金融创新理论的提出和举例应用，将对推进碳金融市场的健康发展具有重要的创新引导作用。研究论文全文共分 8 章，主要内容如下：

第一章，绪论。本部分在对国内外学术界关于低碳经济学理论、碳减排政策工具、碳交易的成本理论、金融支撑理论、碳汇经济对碳金融的对冲风险理论、风险资产定价理论、行为金融学、博弈论及信息经济学、逆向产品建模技术、新巴塞尔协议市场风险分析理论等经济学理论进行梳理的基础上，进行深入研究，充分借鉴相关经济和金融理论的有益价值，力求从总体上提出碳金融相关新的理念、观点，为研究中国碳金融交易市场的风险识别和管控奠定理论基础。

第二章，碳金融相关金融与经济学理论。本部分介绍了碳金融的基本内涵，描述了市场体系，梳理碳交易相关理论基础包括交易成本理论、科斯定理、外部性理论、福利经济学理论、环境金融学理论；梳理碳金融风险防控相关理论包括碳金融风险分类、碳金融风险管理、碳金融风险的评估与防控；分析了碳金融产品的价格影响因素包括需求因素对碳价格的影响、政策因素对碳价格的影响、配额对碳排放权价格的影响；还分析了其他碳金融市场和风控可能相关理论基础包括行为金融学、博弈论及信息经济学、逆向产品建模技术、新巴塞尔协议市场风险分析理论。通过总结和提炼上述理论，力求为碳金融交易市场的风险研究进一步奠定理论及实践依据，并从中获得创新的启示。

第三章，国内外碳金融交易的发展及风险管控。本部分具体总结了国际碳交易市场发展现状，包括碳交易市场及碳金融形成的背景，国际碳交易市场的发展现状及问题；分析了中国碳交易市场发展状况，从我国 CDM 市场概况、我国碳交易市场现状分析了我国碳金融交易机制面临的困境；进而逐个分析碳金融市场可能会面临的风险类型，主要包括项目风险、政策风险、经济风险、市场风险、信用风险、操作风险等几个方面，不仅介绍了各个风险的概念而且总结了该风险的度量方法，为以后研究该风险提供理论依据。

第四章，国外成熟市场碳金融风险防控机制考察——以欧盟为例。本部分阐述了欧盟碳金融市场体系的制度基础、欧盟排放交易体系（EU ETS）的分配与供求机制、价格机制以及欧盟碳金融市场体系面临的网络钓鱼欺诈、市场操纵、增值税舞弊、碳价失衡等风险；重点研究了欧盟碳金融市场的风险防控机制，从碳金融风险监视机制、控制机制、应对机制三方面进行了探讨，总结了独立交易系统（CITL），碳排放量监测制度、碳信息披露项目（CDP）、国家配额计划（NAP），碳排放核查制度、碳金融体系构建、共同注册制度、滥用市场规章、碳身份证明制度、反向征收增值税、现货场外市场交易、价格柔性机制等风险防控措施。在此基础上，文章结合当前我国碳金融市场现状，针对政策制度不完善、碳金融体系滞后、交易主体认知不足、定价权缺失等问题。

第五章，我国碳金融交易风险的实证分析。本部分针对我国已有区域性碳金融交易市场的碳金融产品价格特征进行分析，深入分析导致风险的成因，并借鉴巴塞尔协议框架下风险分析原理，对碳金融交易市场的风险进行了系统分析。通过实证分析和检验，研究获得了碳金融交易市场交易价格波动的风险防范、风险规避和价格风险管理的思路。

第六章，基于风险价值 VaR（英文全称为 Value at Risk）模型及条件风险价值 CVaR（英文全称为 Conditional Value at Risk）模型的我国碳金融交易市场的风险度量研究。本部分回顾了常见风险度量模型，重点对 VaR 模型与 CVaR 模型进行了对比分析，并对两种模型不同计算方法进行了比较。最后基于我国碳金融交易区域性市场进行了 VaR 与 CVaR 值的实证比较，还分析指出了 CVaR 方法在我国碳交易市场风险度量应用中存在的问题。

第七章，我国碳金融市场风险防控策略与建议。针对我国碳金融市场的特点，借鉴欧盟国家防范碳金融风险的模式，总结性地对我国碳金融交易市场风险管控提出了从金融机构层面、政府层面和国家战略层面三个层面进行严格的碳金融风险防控，以及循序渐进的构建统一的碳交易市场等对策措施，并对规范中国统一的碳金融交易市场建设，提出了有效防控碳金融交易市场风险应着力建设的主要措施与建议。

第八章，结束语。在这个章节中主要是总结前六章的内容，提出文章中相应解决问题的主要方法以及还存在的一系列需要解决的问题，并且针对我国以后碳金融市场中不断发展，展开进一步的展望

目　录

第一章　绪　　论

一、研究背景及意义

（一）研究背景

近代历史表明，人类社会的进步主要体现在技术上的进步，而推动技术进步的本质是技术背后的思想。近代社会经济发展更多倚重了经济发展的血脉也就是现代金融，从实质来看现代金融也是一种技术，碳金融技术是用现代金融技术手段促进节能减排，更好地服务人类实体经济的发展的创新，它是现代金融技术的一个分支。现代金融管理和发展的核心在于风险管理，依此，碳金融交易的风险及防控则是碳金融技术的核心。文章的选题正是基于这一认识，专注于"碳金融交易市场的风险分析及防控研究"，力图通过更新思想认识和深入研究的成果，服务中国碳金融交易市场的风险防控建设，给力中国统一碳金融交易市场的建设和健康发展。

1. 国内外碳排放相关政策背景

二十世纪第三次工业革命，加速了全球经济的发展，同时也带来了环境和气候的改变，1992 年 6 月《联合国气候变化框架条约》颁布、1997 年 12 月《京都议定书》颁布，人类在自身发展和大自然变化的矛盾面前，不得不反思可持续发展问题。

进入二十一世纪，全球气候极端天气与雾霾天气多发，使得人类更加焦虑，人类社会不得不更加注重可持续发展问题，特别是 2010 年 12 月 11 日，各国在气候变化坎昆第十六次会议之后，签署了《联合国气候变化框架公约》，也进一步深化了全球变暖的理解；2011 年以来，全球极端天气多发、PM2.5 连续出现新高。在达沃斯世界经济论坛上，主办方公布了《2011 年全球风险报告》，各方对全球性的能源短缺危险高度重视。新时期，探讨新能源发展的新方法，推动新能源体系的转型，推动新能源革命，已经迫在眉睫。

就我国现阶段国情来说，在很多领域经济增长仍未达到集约化程度，尤其是第二产业在生产中能源消耗仍然以传统能源为主（传统能源占能源消耗比例超过 80%），2013 年以来，中国局部地区大面积雾霾天气持续时间再创新高，2014 年以来，越来越多的专家学者和政府官员思考并建言以碳金融支持节能减排、产业结构调整、化解产能过剩和解决环境危机。

2. 碳金融的研究背景

而现阶段低碳经济的发展，需要低碳技术的革命性突破，更需要金融行业的支撑。中国虽然新型绿色能源和低碳排放市场极具发展潜力，但有效利用和发展碳金融和碳金融市场来对新型能源行业提供支持，以及对传统能源中高耗能高污染能源进行抑制和管控的力度还不够。截至 2014 年底，发达国家在全球已经创建了四大碳交易平台，它们分别是：欧盟碳排放权交易机构、英国碳排放权交易机构、美国芝加哥环交所，以及澳洲国立信贷委托。所以，为了从根源处解决困扰中国的严重产能过剩和环境污染难题，必须进行系统的研究，并构建适合我国低碳经济发展的碳金融支持框架和统一的碳交易平台。

在经济全球化金融一体化的大背景下，金融业的竞争也日益激烈。从实体经济层面看，无论是发达国家还是发展中国家，都把目光转向绿色低碳经济和可持续科学发展，而低碳环保、节能高效等特点受到广泛的欢迎；从全球金融层面看，无论是发达国家还是发展中国家，金融行业都在追求金融技术的创新，而以创新服务低碳、环保项目和新的增长点则正成为金融技术创新的着力点。

经济金融理论与创新实践告诉我们，发展低碳经济，必须伴随创新金融支持，用金融手段支持和促进低碳经济，才能起到科学发展的功效。基于此，文章从碳金融发展的经济学原理入手，借鉴国外碳金融的交易经验，结合发达国家碳交易平台的实际发展经验，提出了我国发展碳金融交易市场的风险及防控政策建议，对我国 7 省市区域性碳排放交易市场相关机构内控体系建设和国内碳金融交易制度和未来统一国内平台建设具有现实意义。

3. 我国碳金融发展的背景

实践证明，无论全球经济，还是中国经济，可持续发展的三大支柱都是经济发展、社会进步和环境保护，只有兼顾三大支柱，做到全面协调可持续，才可称为科学发展。节能减排既是应对气候变化及雾霾天气的要求，又是加快转变中国经济发展方式、实现科学发展的根本道路。采用金融手段解决环境问题，即通过建立碳交易市场界定产权，进而使经济主体间的交易行为金融化。

事实上，碳交易既能促进新能源产业的快速发展，也能促进高能耗和高污染能源的技术改造和产业升级。时下，我国碳交易的发展应抓住历史发展机遇着力两个方面的建设。一方面，我国经济体量大且处于城市化、工业化的关键时期，生产技术水平落后，第二产业对石油煤炭等资源消耗大，从而造成温室气体超标排放和严重的环境污染。因而，可以通过碳交易手段创新，利用 CDM 机制将环保义务转化为融资和交易产品，增加超标排放企业的成本，如对煤炭、金属和再生能源等行业，开展 CDM 机制，加大力度促进节能减排；另一方面，近年来全球碳交易发展速度飞速增加，我国的金融行业可以充分学习国外先进的碳金融交易模式。世界银行的统计数据表明，从 2006 至 2008 年间全球的碳交易量年平均增长率超过 320%；而 2010 年全球碳排放权交易成交额同比增加了 5%，达 1200 亿美元；2011 年，全球的碳市场总值增长 11%，碳市场交易总额达到 1760 亿美元，而交易的当量达到 103 亿吨二氧化碳当量。2013 年，全球碳市场交易总额达到 549.08 亿美元，全球碳排放总量更是突破 104.2 亿吨。

当然，我国更加需要以良好的碳排放制度环境、规范的碳排放交易秩序为基础，建立基于市场调节为主的碳排放长效机制，从而使碳排放成为技术创新和经济发展方式转变的新的方式。所以，为了更好的约束市场主体的减排行为，我国需要建立碳排放相关的管理体制，创造良好的制度环境、市场氛围，以促进减排市场机制的有效发挥。事实上，经过 20 多年的发展，国际碳交易市场日趋成熟，我国的碳市场也开始起步并将快速发展。中国碳市场要实现"帕累托最优"，我国政府必须结合和发挥好政府和市场两方面的作用。

从全球角度和长远发展来看，碳减排将是一个争夺新兴碳金融市场话语权的战略问题。因此，当前国际市场上碳金融已成为各国抢占低碳经济制高点的关键，这一领域的竞争相继在各金融机构展开。作为全球第二大碳排放国，我国有广阔的碳金融发展前景，同时也存在着机制缺失、风险规避能力弱等问题，当前我国需不断借鉴发达国家近几十年在碳金融领域积累的丰富的实践经验。

现阶段，低碳经济已经成为各国一致选择的发展道路。我国与一些发达国家在传统经济发展道路上差距较大。但是在低碳经济道路上，对所有国家来说面临着共同的起跑线，而关键在于在这条道路上的起跑速度。所以，我国必须高度重视碳交易市场的发展，从而在将来的低碳经济战略中处于不败之地。从我国碳交易市场建设方面看，碳金融是碳交易的重要工具和交易组成部分，与其他市场的不同之处在于碳金融市场还具有金融交易固有的一些风险特征。所以，需要在充分研究碳金融交易市场风险的条件下，才能更好地推出相关的金融产品和衍生工具，有效的管控碳交易市场风险。也只有这样，才能高效地发展碳金融市场，为低碳经济和实体经济的发展服好务。

首先，我国需要整合国内碳市场，改变碳项目初级市场下以国外买家为主的现状；其次，我国需要在达到相应条件下，不断构建完善碳现货市场；最后，因为定价权是碳金融市场必要的一环，所以需要我国的炭金融市场要逐渐取得碳定价权。这一过程中，需要不断探寻各阶段的政策边界，探索相应监管模式及配套的法律法规，设计出既能满足我国国情需要，又能达到与国际接轨的碳交易规则及机制，2011 年，我国批准了四大直辖市：北京、天津、上海、重庆及武汉、广州、深圳 7 地，作为碳排放权交易试点地区，2013 年 7 地交易所陆续启动碳排放交易。

但是，中国碳排放权交易和碳金融试点处于起步阶段，开展市场交易初期，碳排放权交易和碳金融产品创新亟待风险把控模型的支持，碳金融交易市场机制亟待完善，碳交易及金融机构风险识别和防控体系亟待建立，交易所的内控机制和各市场参与者的风险意识亟待提高，监管机构对交易市场风险函待系统研究和做出科学判断，因此，急需"碳金融交易市场的风险和管控"方面的学术研究成果，为中国碳金融交易市场发展的进一步实践提供有力支撑。

（二）研究意义

从国内外碳金融交易市场发展的现状来看，尽管国外碳金融市场起步早，并已经有了很多量化风险的研究，但仍缺乏相应系统化的风险控制经验和措施；我国的碳金融交易市场未来的发展存在着众多的不确定性风险，那么，如何建立一套有效的机制来预见风险、评估风险；如何在碳交易产品的金融创新过程中做到风险的有效防范和控制，其理论依据何在等等，这些问题对中国碳交易和碳金融市场的未来发展都有重要影响，这也是文章所着力研究的重点。总体来讲，文章关于我国碳金融交易市场风险及控制的研究具有重要的理论意义和现实意义：

1.通过研究碳交易和碳金融交易的市场风险、操作风险、信用风险，及其传导机制，多维度多视角分析构建碳金融交易市场量化的风险评价体系。2.运用信息经济学、行为金融学等学科理论，分析碳金融交易各参与方的风险交易策略，并在碳金融交易市场量化的风险评价体系基础上，提出相应的产品创新理念。3、运用风险资产定价理论、新巴塞尔协议市场风险分析等理论，结合中国碳交易市场发展的现实问题，对我国碳交易市场产品创新和发展提出具体的风险控制措施。4、通过探究碳金融交易市场风险传导机制，为政府监管部门和相关政策制定部门，进行市场监管和市场调控提供政策依据。5、通过深入研究碳金融交易市场的风险，对碳金融交易市场推出新产品、碳交易企业融资及碳交易利益相关者风险把控提供建议，可使我国相关企业能更加理性地利用金融工具参与炭交易，同时为完善我国碳金融市场产品结构做出贡献。综上所述，文章的研究对我国碳排放交易相关机构内控体系建设和国内碳金融交易制度完善和平台建设具有现实意义。

二、国内外文献综述

（一）国外综述

1. 碳金融范畴的界定

在国际上，不同的组织、机构和专家学者，对碳金融的范畴界定是不同的，但总括起来，大家对碳金融范畴的界定可分为：广义的碳金融和狭义的碳金融。世界银行组织金融部给出的"碳金融"的定义是，通过购买减排量的途径，对可以造成温室气体减排量的活动，能够提供的资金来源；相关学者对碳金融的定义是：以碳配额以及与之相关的类似产品作为交易、与风险投资与清洁能源的投资相关、是评估企业生产能力的新型标准之一；环境金融刊物（Environmental Finance Magazine）定义碳金融的包含：气候风险管理、可再生能源证书、碳排放市场和"绿色"投资等部分。也有学者认为碳金融是构成环境金融的一个旁系，它能碳抵制经济相关的风险和收益，它能够产生对应的衍生品，通过碳金融衍生产品能够转嫁气候风险和实现环境成果。

2011 年世界银行出版的《碳金融十年》一书中对碳金融做了如下定义，即碳金融为出售基于项目的温室气体减排量或者交易碳排放许可证所获得的一系列现金流的统称。世界银行的这一定义使得其碳金融的概念范围限定在《京都议定书》规定的清洁发展机制（CDM）和联合履行机制（Joint Implementation，JI）的范围，因为只有在这两个机制框架下的减排项目才能获得联合国签发的核证减排量（Certification Emission Reduction，CER）。

2. 关于碳金融与社会发展的关系问题

多数国外专家学者研究表明，碳金融与社会发展的关系密切，尽管不同学者给出的关系密切程度是不一样的，但是学者们普遍认为：碳金融已经并且将对人类社会实体经济的发展做出积极和正向的贡献。相关学者的研究报告认为，可把拥堵、事故、非绿色气体排放等作为产生的交通流量的投入要素，构建模型能准确地测量交通部门对 CO_2 减排的贡献度，他们的研究结论是：对于有效成本的 CO_2 减排，交通部门减排能力是有限的。而有的学者研究认为，在碳减排中应该将市场手段作为碳减排导向。

相关学者指出：应用动力学模型可预测气候期货交易的波动率。有学者也提出建立环保相关的数理模型，数理模型包括一个国家在政治、贸易方面、跨国环境方面的影响因素，这些因素是该国可能在发展过程中遭遇的障碍。此外，一些国外学者也利用经济计量方法分析了碳金融对于实体经济产业及政府机构实现低碳经济的影响。也有学者则从 1870 年至 2002 年各年间人均 CO_2 的排放量，分析出了发达国家、发展中国家的弹排放增减情况。还有学者则分析了英、美两国碳金融对货币政策和证券的收益率的影响。更有国外学者分析了碳交易与宏观经济发展的相互关系，研究表明：碳交易市场的繁荣的确能够在一定程度上对如钢铁、电解铝、水泥等产业发展产生影响，因此从经济长远意义来讲，碳交易会成为经济金融发展的一个重要趋势。

3. 关于碳金融交易市场的风险研究

相关学者发表了《关于碳金融交易风险的研究》的报告，报告中指出碳金融的交易风险存在于项目准备、项目实施、评估、认可、二级市场、目标市场的整个过程中，他们把依照影响因素把碳金融的交易风险分为：履约风险、价格风险和政策风险。

有学者则将 CDM 风险归类分为基准线估计风险、商业风险和机构风险三类。其中，基准线估计风险是指在没有此 CDM 项目的状况下，为了提供相同的服务，最有可能建设的其他项目即为基准线项目，基准线项目能够带来温室气体排放量；商业风险是指项目开发商可能遭受的如在东道国经营公司失败的风险、中期中断的风险等；机构风险则是指"国家"公司可能遭受的破产风险、项目质量风险、持久性风险和东道国计划外事件风险等。

有学者指出，监管风险、实体风险和商业风险是气候风险的三分类。监管风险是指不遵守碳金融相关政策的风险，该类风险暴露则企业财务业绩可能受到的实质性影响；实体风险是指如旱灾、水灾及飓风等，给农业、渔业、林业、房地产业、保险业等行业带来的可能损失，这种损失引起的直接影响；商业风险则是指从企业层面其遭受的法律、声誉及竞争三方面的风险。

世界银行 2011 年推出了《关于碳市场现状和趋势的分析报告》，这个报告指出了碳交易的系统性风险可能会发生，如在 CDM 林业碳汇项目中，如果由于自然风险和人为风险，可能会导致碳逆转的情况出现，如果这一情况出现，那么，碳逆转则将直接会导致碳交易发生系统性风险。总体来看，国外专家学者及组织机构对碳金融交易市场的风险分类不尽相同，但各种风险分类都包含在非系统性风险和系统性风险两个大范畴之内。

4. 关于碳金融交易市场风险的控制研究

在碳交易市场风险的控制方面，大多数国外学者的研究角度和层面都比较广泛，表现出了有众多学者对碳交易市场风险的高度重视，多数学者在自己的研究报告中提出了碳金融交易市场风险防控的思路和建议。相关学者指出，碳金融发展与气候变化、能源密集型产业等具有密切关系，经济部门把握好碳金融与气候变化、能源密集型产业等的关系，依据这些关系就能够制定决策参考。有学者在比较了欧盟 ETS 和碳税收两种方案后，指出尽管这两种方案在碳交易的私人企业中发挥的作用各有不同，但是碳交易实际上已经成为降低 CO_2 排放量的一项重要方法。他们还认为碳交易具有市场的基本机制，而这些机制使私人碳交易能够有效地降低成本及风险，从而促进碳交易的进一步发展，这也就产生了碳交易的市场作用。还有一些学者重点研究了碳配额与碳排放交易价格的关系，指出必须建立恰当的模型与机制，从模型中可获取碳配额的最优价格。有学者则将100余个参量和众多的金融数据，并把碳配额比例纳入对应的计算参量，并且分析研究出了影响碳配额价格波动的动态因素。相关学者的研究模型，为碳配额价格的确定及改革提供了重要的数量经济学参考。也有学者则是通过构筑了 CO_2 排放许可证交易的交易模型，与一些学者猜想的 CO_2 排放许可证的价格，实质上拥有"跳跃倾向"实现了相互印证。因此，可以认为，考虑到欧盟 ETS 的不稳定的特征，碳排放的交易价格特征较为复杂并呈发散式波动的特征，而这种价格复杂性及波动性特征也正从根源上加剧了投资风险。

相关国外学者主要从碳期权和期货等衍生工具方面对低碳金融衍生产品进行研究，他们对碳金融衍生产品对碳排放权交易的市场影响做出了积极的肯定，从欧洲的碳远期产品研究发现，实际上欧洲碳交易市场的活跃度及有效性，与欧洲市场上的碳远期产品的存在密切相关。有学者认为碳金融的远期交易不仅可以增加碳金融交易市场的流动性，此外还可以转移并减小碳交易的不利风险，从而使碳排放权交易市场的参与者，通过碳金融衍生品的运行与管理中，实现规避风险及提升利润的目的。

5. 关于碳金融的政策支持研究

除了对碳金融交易市场风险的控制进行分析，西方学者还对碳金融配套的政策、法律等进行了重点研究。从研究的目的看，大都是为了让政策支持能更好地达到降低金融交易市场的风险，从而提高碳金融交易市场的效率。从研究报告的建议，我们发现关于碳金融的政策支持，多数学者认为应建立统一的碳金融交易市场政策、制度。相关学者研究显示：如果一个经济体没有确切遵循碳交易计划的要求，那么，当下上涨的边际处罚的执行会难以有效地促进碳市场效益目标的达成，因此，需要各地区之间相互配合、相互联系，共同为全球气候变化政策的确立与执行不懈努力，只有这样，才能使碳市场的经济环境更为统一、高效。

有学者研究了政府在低碳经济发展中的作用，作者认为，相关部门应该采用市场和非市场相结合的方式进行节能减排，并进行多样化方式进行综合管理。也有一些学者在研究中从政治经济学角度对国际碳补偿的意义进行了分析，并分析了碳补偿战略在国际市场上进行资本累积的途径。作者认为，在全球的碳交易市场中，CDM 即清洁发展机制是一种补贴机制及政治机制。此外，作者对 CDM（Clean Development Mechanism，清洁发展机制）和 VCO（Voluntary

Carbon Offsets，无偿碳补偿机制）进行了对比研究后得出，从政治经济学上讲补偿使不同经济发展水平的国家——发达国家及发展中国家在碳排放额度方面、获得补偿性的减排项目及承担国际义务等方面出现了较大的差别性及不平等现象。

（二）国内综述

1. 关于碳金融的发展情况

中国学者对"碳金融"的概念提出和定义研究都比较早，并且认识也是不断深入，定义范围呈现了由点到面逐渐扩展的特点。关于"碳金融"的概念，有学者就提出了绿色金融概念。有学者指出碳金融无非是与碳相关的金融行为，宏观上来讲，就是环保项目金融的别称，或者大致地把碳金融当作对碳物质进行的交易。有学者认为，"碳金融"宏观上是为了控制温室气体排放而提供直接金融、信贷和碳指标交易等融资服务。有学者对碳金融的定义是：转化减排的成本为利润；增加国际贸易投资；环境风险控制与转嫁；融通能源链转型的资金等四个方面的属性。有的学者的定义很直观，他指出碳金融是诸多融资体系安排与融资贸易活动，安排与活动目的在于降低碳排放。有学者认为"碳金融"是降低 CO_2 释放相关的全部融资交易行为。有学者则认为，碳金融是针对环境改变的融资处理策略，是系融资系统解决气候变化问题的关键程序。有学者认为，碳金融应叫做碳金融或碳物质的交易，也就是为控制 CO_2 排放等的非间接金融、碳权交易与银行信贷等融资行为。有学者将碳金融界定为三部分内容，分别是碳减排方面的融资活动、碳交易的投资增值活动和相关的中介服务活动。碳减排方面的融资主要含直接融资和间接融资，间接融资主要以绿色信贷为代表。碳交易的投资增值主要是以碳期权、碳期货、碳远期合约等碳排放权的衍生品交易为主。最后，相关的中介服务活动主要是以低碳项目的咨询服务和碳排放权交付保证等方面的活动为代表。也有学者将碳金融分为狭义和广义两方面。狭义的碳金融是一种碳约束行为，这种约束行为可以在金融工具的作用下转移并化解环境风险，并通过这种约束行为实现环境目标。广义的碳金融概念指所有的解决气候变化的市场方式异。还有学者将碳金融界定为温室排放权的交易，与这种交易相关的各种金融活动和交易的系统也属于碳金融的范畴。从广义上讲，碳金融不仅包括碳排放权及其相关的衍生品，也包含了与之相关的中介服务（咨询担保和碳金融相关的投融资业务等）。此外，与气候风险的管理相关的各方面内容也包含在广义碳金融的范畴。

2. 关于碳金融与社会发展的关系问题

中国学者对碳金融与社会发展意义进行了深入系统的研究，专家学者们普遍认为：碳金融不仅有利于国家发展，也有利于金融行业和第二产业企业发展，更有利于个人的生存发展。有学者认为，碳金融在为金融业提供趋利空间的同时，也创造了社会效益。也有学者则认为，中国开展碳金融项目不仅促进了金融机构营销模式改革，也有助于中国金融机构深度参与国际金融领域，提升我国金融机构的全球竞争能力。

3. 关于碳金融交易市场风险的控制研究

国内专家学者一般将碳金融交易市场的风险划分为四大类：政策风险、市场风险、项目风险和操作风险。同时专家学者们普遍认为：碳金融交易市场的风险是可以计量和控制的。有学者在对碳金融交易市场风险的研究报告里将碳金融风险分为三类，它们分别是碳金融衍生工具的操作风险、碳金融的政治风险和宏观经济的经济风险。有学者的研究认为，碳金融交易市场风险分类主要应是市场风险、项目风险和政策风险三种风险。有学者主要从碳金融交易风险的防范角度对商业银行风险进行了研究。她认为信用分析、流动性风险、市场风险和操作风险是商业银行的传统风险，而在传统风险之外，商业银行还存在项目风险和政策风险。有学者则对碳金融的风险定义为：市场风险、流动风险。有学者则认为低碳市场风险以及低碳技术风险是碳金融的风险。也有学者认为项目风险、市场风险、政策风险和政治风险是我国碳金融业务开展中面临的四大风险类型。作者建议相关部在碳金融风险的防控中，应不断完善我国碳交易平台，完善的目的在于提高碳金融参与各主体的评估能力和管理水平，不断完善多元化的融资体系并在碳金融发展过程中积极参与国际合作。还有学者认为，我国碳金融各类风险中，市场风险是最突出的交易风险，应当建立全国统一的碳交易市场，通过统一监管、统一定价、统一配额等，对 7 个碳排放区域交易市场进行统一的监管，从而保证国内多个碳交易市场的价格有序波动，使得分散的碳金融市场风险得到有效监测和防范，并促进我国碳金融市场逐步统一成一个统一的全国性的市场。

4. 关于碳金融发展状况的研究

中国的金融机构和学者们对碳金融发展进行了较多的跨界研究，特别是我国的商业银行近年来在这方面的研究报告数量较多，报告内容也较为系统和深入。有学者指出，商业银行业应该在促进碳金融发展中，发挥积极的职能作用。首先，商业银行要建立长效的低碳经济理念、管理、经营及考核机制；其次，银行监管部门要对"低碳信贷"的服务进行了改革，监管部门要赋予金融机构拥有碳金融商品定价的资格。有学者认为，商业银行在碳金融发展中，可以先在国外注册公司，待其取得发展碳金融的相关资格后，再与国外的碳金融市场进行合作或交易。有学者对商业银行在碳金融业务引入后的风险进行了研究，发现引入碳金融业务后，与商业银行相关的金融风险特征有了新的变化，且其资产安全性受到了碳排放政策的影响。作者提出，商业银行需要从碳金融内部管理长效机制，碳金融相关的风险预警机制，碳金融风险管理组织框架上进行构建，并对碳金融风险管理从机制上进行有效的设计。

此外，在碳交易的市场建设方面，还有一些学者探讨了商业银行的绿色信贷和赤道原则，也有学者对其他金融组织机构，如证券公司、投资公司、保险公司等开展碳金融业务和创新进行了研究，研究普遍认为，当前我国金融机构应加强碳金融的人才的培养、加强碳金融产品研发和创新，并加大碳金融产品研发的投入力度。

相关学者指出，中国的碳金融发展起步较晚，对国际上，特别是发达国家制定的碳金融交易规则不够熟悉，因而难以与国际金融机构抗衡。另外，一些学者认为，当前中国应该在碳交易分级市场中构建不同形式的定价方式。这些学者建议将碳交易市场分为一级市场和二级市场，其中一级市场主要用来确定碳排放权相关的初始定价，二级市场则用于形成碳排放交易的均衡定价。而有学者在研究报告指出，由于目前中国的碳交易平台结构简单、层次较低，且不统一，所以我国碳排放交易市场应加大碳金融的强度，加大我国碳排放减排标准等开发与制定的力度。还有学者认为由于我国碳交易平台和业务的分散性，导致我国缺乏在国际碳市场的发言权，且在制度的设计及争夺定价权方面都受制于发达国家。这些都需要我国不断深入研究国际碳市场的定价规律及相关的交易制度，对分散性的平台和业务进行整合。从而建立统一高效的碳排放交易平台，更好地发挥碳交易市场的价格发现功能，创造稳定的碳金融发展的制度环境。

在碳金融衍生品的研究方面，有的学者认为碳基金是"环保延伸机制"下 CO_2 排放权力交易的特有资金。他认为中国碳基金应该努力让世界的碳基金成为中国的碳基金。有的学者则通过国内气候变化与相关基金制度的研究，起草了适合中国的碳基金活动章程。也有一些学者的研究指出，碳基金的投资结构和贸易关联性很大。还有学者的研究将碳基金的融资模式概括为四种模型：一是政府完全负责全部投资，二是由政府与公司按比率一起的投资，三是由政府采取征收税款的形式投资，四是由公司法人名义筹集的模式。

此外，有学者认为，从世界碳交易平台的贸易案例的分析研究中看到，国际上碳市场的风险相对较高，从国际视野看为了降低和对冲碳市场的风险，必须推出和采用碳期货金融衍生商品。该学者研究了 CO_2 排放权力都具有明显相似性、交易方便、市场交易者较多、价格震荡频繁等特点，这些特点恰恰适合期权类衍生商品的开发和交易。有的学者更是针对碳期货的创立提出具体建议，他们建议，碳期货应在二级市场平台的 CDM 交易平台上对接使用，他们也指出了碳期货交易可分为远期交易和近期交易等种类。有的学者针对"碳币"给出了他们的定义，他们认为，"碳币"是指世界范围内每吨 CO_2 排放权力的价值。有的学者也从"财富"的视角解释了碳币，在他看来，可将能够节约下来的 CO_2 排放额度，也即一个国家核定的 CO_2 排放额度的节约量的总和，可以汇总成一个节约量，这个节约量可视为本国的一笔附加资本，他把这一附加资本称作碳币。他还指出可参考"黄金标准"碳信用标准来具体规定国际上各国碳币与一个标准品质的碳货币等价的国际碳币的兑换标准。有学者发现，在国际贸易上，一国货币的发展往往同能源定价和结算固定权等大宗贸易密切相关，她还指出，上个世纪国际贸易上的"焦炭—英镑""原油—美金"形成密切相关的货币现象，她也认为当下的"碳交易—X"同样能够形成一条世界主权币种与能源交易的绑定趋势及同向性。也有学者提出构建一种全球范围统一的碳货币体系，在构建过程中将碳排放权作为一般等价物，并将其作为各国发行货币的储备资产，并通过一系列趋同的标准的设定和过渡逐步使碳货币体系走向全球统一化。还有学者认为作为碳金融核心内容的碳货币，从政治经济学观点出发其也是碳金融中的显著内容。构建碳货币体系可能对全球货币体系的构建起着重要作用，从而影响全球经济格局。在碳金融领域，在各国货币之间上演着新的另一种形式的"货币战争"。在碳货币是否能成为真正的超主权货币的问题上，国内学者们起码形成了这样的共识，任何一个货币本位之所以能够成为货币本位，首先看这个本位所应对的货币发行的主权体系，如果主权体系是清晰的并且具有广泛交易性那么才能得到认可。然而就目前大部分国家都表现出的对碳币的意欲来看，通过碳金融来提升本国货币国际地位是可行的，在国际金融秩序的重新构建中，中国作为碳金融的主要国家可通过建立碳货币体系可以使我国货币有机会成为碳交易的计价及结算货币。总括而言，我国要积极把握碳金融发展的这一历史机遇，力争使中国在国际碳交易市场发挥出更加积极的作用，力争尽早参与到国际碳金融、碳货币的高端研究、规则的协商与制定之中，使中国在国际碳交易规则和定价中争取更多的主动权与话语权。

5. 关于碳金融的政策支持研究

国内碳金融的研究学者大多对碳金融的政策支持提出了积极的建议，他们认为：碳金融的有序发展需要获得良好的制度环境及政策支持，尤其需要政府有关政策的扶持。有学者提出了给予碳金融的金融政策的必要性、迫切性。他通过分析近年来金融政策扶持下获得较快发展的实例，提出了关于碳金融相关政策的分析和政策倾斜建议。有的学者更是直截了当地提出了对碳金融市场发展的五个方面的政策扶植建议：首先是建议构建碳交易平台，对碳配额相关方案进行深入分析研究，并不断发展完善碳排放额度相关的交易平台；其次建议扩大碳金融影响力，让全社会特别是公司企业能够足够认识到 CDM 模式与环保项目所拥有的发展潜力；第三个政策支持手段是，通过政界、学界加大政策分析研究，获得改革政策的学术支持；第四个方面的政策建议是政府应进一步开放碳排放中介机构平台准入，应该鼓励更多的民间组织或民营机构参与碳金融交易市场的相关中介服务；第五个政策扶持建议是由政府创立奖惩体系，并确立一整套标准、条例，以此对碳金融投资、税收、信贷模式进行指引，从政策上引导支持金融机构参与碳金融，支持环保和低碳的实体经济发展，多种政策支持措施并举将能够有效地支持低碳经济的持续发展。

有一些学者则对碳金融方面的中国政府的行政领导职能发挥提出了建议，他们建议金融监管部门应根据可持续发展的原则，制定一系列科学完整的规则与标准，在碳排放交易市场发展方面应及时有效地协调政府部门与金融机构的关系。有学者则从我国低碳金融发展的：政策困难、技术困难、融资瓶颈与交易平台障碍等方面遇到的发展困难，从正反两个方面分析并提出了政策支持的建议。该学者认为对于低碳金融建设的支持，政府部门需要从建立健全的碳定价机制、金融机构研发碳金融产品、通过公募基金等以提升个人低碳投资、增强碳排放相关信息公开强度及加大对低碳主题认可力度等几个方面进行考虑，并进一步增强对碳排放交易平台的信心。另外，也有一些学者从法律的层面对中国碳金融制度建设进行了探讨，他们不仅关注到国内法制构对我国碳金融交易市场发展的相关性，还就国际碳金融的整体环境和国家法律法规对中国的碳金融交易市场的发展的紧密联系进行了分析，分析认为如一个国家的外汇立法、碳关税法等都会影响到我国参与国际碳金融市场的建设，为确保中国碳金融市场规范化经营与运作，应做好相关法律方面的配套建设。有学者则从财政政策方面提出了建设意见，他认为财政政策支持碳金融市场建设应从四个方面着力：一是要构筑财政减排基金，支持我国企业发展低碳节能减排技术；二是要构筑促进节能方面的人才培养机制，着力培养企业的负责人节能意识，着力培养碳金融高层次的节能创新人才队伍；三是要针对典型示范地区建立节能城市与节能地区试验点，起到示范作用；四是国家监管部门要进一步对碳金融加大指导规范，并加大宣传力度，促进企业和个人践行低碳经济发展的生产和生活模式。

也有学者认为我国在低碳经济的发展中，需要按照与之相匹配的战略框架、行动和规划体系，建立统一完善的碳交易政策体系。从经济、财政、产业及环境政策等各方面，对我国碳金融市场的发展提供全方位的政策支持。还有一些学者则认为政府在碳金融的政策支持中，需要在这些层面起主导作用：一是在中长期规划方面，需要分阶段、分步骤地进行规划；二是需要在与碳金融相关的法律框架体系方面进行构建；三是从税收、信贷和环保等方面进行相关的政策扶持，央行等核心机构应伴随着出台相应的碳银行政策；此外，政府应完善碳金融相关的配套、服务支持体系。

（三）现有研究成果的不足与缺陷

综合国内外对碳金融的研究，我们可以看出，已有的国内外研究文献对碳金融交易市场的研究缺乏整体性、系统性和针对性，尤其缺乏对象中国这样的发展中国家如何建立具有国际竞争力的统一的碳排放市场的措施建议，同时对国内区域性碳金融交易市场的风险分析，特别是利用计量经济学模型来研究实际的交易价格数据和风险关系的，少之又少且不够系统。尽管国内外学者们对碳金融各个方面的探索已经颇为广泛和深入，但我国碳金融交易市场风险和管控方面的问题，仍未能得到系统性和妥善性的解决方案及可操作性措施建议。

因此，首先有必要进一步系统性讨论碳金融制度、市场、价格等各方面的问题；其次对于碳金融交易市场的风险因素，以及影响这些因素的因子等方，需进行科学阐释，并有必要进一步回答风险因素如何对碳金融市场产生影响等。同时，风险因素对碳金融交易影响的程度如何等等，这些问题都有待于进一步的分析与研究；再次，对碳金融产品创新的模式和依据，以及市场监管缺乏深入的研究。目前，中国碳金融市场监管尚缺乏有效的制度与执行力度，而当前我国的监管形势和现状，不利于我国碳金融的市场的快速发展，因此，当前研究好科学的监管不仅有利于加强中国碳金融的发展，从长远考虑更有利于提高我国碳金融的国际竞争力和提升中国低碳经济发展的国际形象，但监管者的顶层设计的相关思想和参考很难从公开材料获取，这样监管方面建设的政府意图和学者意见势必存在对接难点；最后，由于缺少与碳金融相关联的产业与领域的系统性研究，如何通过碳金融推进区域经济也是学者需要进一步探索的问题。

另外，已有的研究成果从研究方法来看，多注重于定性方面的分析，为数不多的实证分析中，大部分参照总量数据进行验证假说，缺乏对各省市和地区的研究，特别是对近3年才建立运营的区域性碳排放交易市场的交易数据的实证分析少之又少。此外，从已有研究成果的相关研究的主要角度看，多是正向和正面，缺少负面研究和逆向研究的视角，大多数研究报告是对现状和发展历史的总结归纳等等。

由此可见，现有研究的研究内容、研究方法和研究成果的欠缺，这恰恰为文章的研究留下了独特的研究空间和研究必要。所以，以国内外现有研究成果为基础，通过借鉴国际经验，进一步研究中国的碳金融交易市场的风险和控制具有特别的理论价值、实践指导价值和学术价值。

三、研究的内容与方法

（一）研究内容

文章的研究主要依据金融管理的核心内容：全面风险管理理论。从碳排放权交易的金融行为出发，采用全面风险分析和管控的"双闭环可逆"思路，以"巴塞尔协议"之风险分类和管理为蓝本，对中国碳金融交易市场风险进行梳理，结合发达国家发展碳金融的交易市场风险管控经验和金融产品及衍生产品创新方面的规律，对碳交易市场的金融风险进行比较分析，进而提出我国碳金融交易市场的风险管理思路和模型，同时提出将风险模型逆向应用到碳金融的产品创新，进而探讨出了碳金融业务和其衍生产品创新机理。从国内外碳金融市场的发展现状出发，详述了碳金融交易的市场风险以及与之相关的碳金融交易市场风险传导机制和碳金融交易市场风险控制措施。通过对这些问题的阐述，最后提出了如何发展和完善中国碳金融交易市场建设的风险控制等建议。

（二）研究方法

1. 文献研究法

主要通过国内外大量相关文献的阅读和研究，把握相关领域国内外的新旧研究成果，分析出以往研究的现状及不足，并基于此在优秀研究成果的基础上，总结创新。

2. 比较研究法

主要对已掌握的资料和素材，进行对比。如通过吸收借鉴国外碳金融交易市场风险防控研究的先进经验、理念及方法，并中国的实际国情，进行比较，发现优劣，去粗取精获得借鉴，旨在为中国碳金融交易市场的风险管理和风险控制方面，提供行之有效的策略参考和市场建设的依据。

3. 理论研究和实证研究相结合

文章依托博弈论、信息经济学、行为金融学理论等理论思想，更好地定性分析碳金融风险管控，建立全面风险管理体系，为中国碳金融发展的配套政策的制定提供一定的参考。实证研究方面主要根据国际市场的历史数据，对相关理论模型进行检验。通过理论与实践的有机结合，除阐述以理论研究指导实践发展，以实践发展总结优化和提升理论优化升级"是什么"这一命题以外，亦给予"如何做"的应对方案。

4 跨界创新

指把其他行业理论引入和应用到碳金融交易市场的风险分析和管控之中析逆向到产，如文章引入了工业产品品开发，由此能加快产品设计上的逆向建模理论，从风险识别和分的设计和分级开发。

四、研究的创新与意义

研究力图构建以风险管理和控制为核心的我国碳交易市场的管理、创新、监管等市场效率传导机制，依此对我国碳交易及碳金融市场提出若干建议。文章特点体现"四有"：有理念、有新知、有跨界、有创新。创新着重于理论创新、方法创新、应用创新和三种创新的综合应用，目标在于从实际出发，解决实际问题。

（一）研究理论创新

文章从碳金融的基本理论和国内外实践出发，提炼碳金融交易市场的风险问题，提出建立有效的交易市场内控机制与政府制度安排，并通过已有的区域碳排放市场的真实交易数据进行系统的分析和实证检验，验证了我国区域性碳金融交易市场的价格波动风险，对碳金融交易的风险和价格关系、交易定价机制、对冲风险产品创新和金融监管制度建设等方面内容提出了全新的理念、认识和观点，对中国金融系统在碳金融交易市场体系中更好地进行风险可控制和持续发展，提供了的有效决策参考。

（二）应用创新使用

文章从七个方面实现了应用创新：一是应用巴塞尔协议理论，提出了对碳金融交易市场风险进行全面管理的思路；二是应用工程仿生学理论，创新了风险逆向建模理论与产品开发相互结合的新思路；三是应用成本收益法，提出了"构建以碳金融来解决光伏、风电等战略新兴产业发展成本问题"的新思路；四是应用规模经济理论，提出了健全碳交易市场风险管理机制，并构建统一的交易平台思路；五是应用全面风险管理理论，提出了交易所对碳金融项目和产品建立风险管理的模式；六是利用综合经营理论，提出了商业银行创新碳金融参与模式和保险机构创建碳交易信用保险产品等拓展多样化市场参与者的思路；七是应用金融危机理论，提出了规范碳金融风控机制，防范相关风险体系系统性风险的创新思路。

（三）研究方法创新

　　文章在研究方法上，充分发挥了作者工科和投资管理学的学科背景，注重了金融学学科研究方法的运用，特别是着力了光学技术和投资管理等学科研究方法在碳金融理论和实践上的研究应用，实现了研究方法的跨界创新。这些方法的综合使用，使得研究特别是在构建中国统一碳金融交易市场及其风险和防控的可操作措施建议方面，能够更加贴近实际、具有实用性，同时符合科学发展的一般规律。

第二章 碳金融相关金融与经济学理论

一、碳金融的基本内涵和市场体系

（一）碳金融内涵

在生态环境保护越来越受重视的大背景下，低碳经济受到越来越多的支持，金融行业在支持低碳经济的发展方面有着不可替代的作用。为了支持全球经济的健康发展，整个金融界都在积极地推动金融创新，提高金融业内部的低碳意识，与低碳经济的发展趋势相适应。在金融界的共同努力下，碳金融在推动低碳经济的发展方面做出了巨大的贡献。

低碳经济发展过程中所衍生出来的所有与减少碳排放有关的金融活动都可以称之为碳金融，一般来说，碳金融是指银行、期货交易所等金融机构运用自身的金融产品或者提供咨询服务等方式，为保护环境，促进能源的有效开发与利用，减少碳排放等目的而进行的一系列的金融活动，主要包括银行绿色信贷、碳排放权交易以及直接投融资等方式。当前国际碳金融的内容主要包括以下几个方面：首先，为致力于减少碳排放的企业提供直接的金融支持，比如绿色信贷、绿色保险等。这些业务都遵循了"赤道原则"的标准，这不仅在客观上提高了企业的环境保护能力和应对社会风险的能力，而且为促进企业的节能减排提供了丰富的金融产品，金融机构也可以在为企业提供绿色金融支持的同时分享低碳经济发展所带来的长期的经济效益。其次，为碳排放交易等相关业务提供咨询服务。因为碳排放交易属于金融创新业务，涉及了很多专业的知识和技术，包括碳期货交易、国际贸易等方面的知识，很多机构或个人对碳排放交易等活动的了解还不够全面，因此出现了很多对碳金融的咨询需求。最后，利用碳交易市场和金融衍生工具来限制温室气体排放。碳金融市场的发展，为全球温室气体排放的减少提供了重要的支持，同时也进一步丰富完善我国的金融市场。通过在碳金融市场进行碳排放交易，不仅控制了碳排放量，而且金融产品的资金都用在了减少碳排放的活动中，这不仅遵循了金融交易的规则，也响应了《京都议定书》中实施减排机制和实现减排目标的号召。

（二）碳金融功能

碳金融是应对气候变化的重要金融手段和有效途径，其主要功能有四个方面：第一，碳成本转化为碳收益功能。由于碳排放权具有商品属性，与其他商品一样成为具有流动性的金融资产，碳排放成本因此成为碳交易投资方需考虑的重要因素，故将碳成本转化为碳收益的形式属于碳金融的首要功能。第二，为能源链转型提供资金支持。碳金融包含低碳项目的投融资活动，这种投融资方式可以有效配置金融资源、使资金流向清洁低碳能源领域，从而使能源链从碳密集型行业向低碳行业转移。第三，转移和分散气候风险。农业、能源产业、灾害预警部门利用天气指数及相关的保险产品、天气期权等天气衍生品、巨灾债券等碳金融产品来转移天气风险、规避价格波动风险、补偿和转移分担灾害损失。第四，促进国际贸易投资。以清洁发展机制为主的碳交易在减少发达国家减排成本的同时，将减排资金和技术转向了发展中国家。因此，碳金融可以有效推动国际贸易投资。

（三）碳金融市场体系

金融的发展必须要在一定的金融市场体系内完成，碳金融也是如此，要想得到长足的发展，必须要在全球碳金融体系下进行。碳金融市场可以从狭义和广义两个方面来说明，狭义的碳金融市场是指相关主体在法律规定的范围内，依法进行温室气体排放权交易的标准化市场。在温室气体排放权交易市场上，每个交易者都是从自身利益出发，自行决定买入或者卖出碳排放权。广义的碳金融市场是除了包含狭义的意思之外，还包括与碳交易市场相关的一些对清洁能源的投融资市场和节能减排投融资市场。总的来说，所谓碳金融市场，就是指碳排放权及其衍生品交易和与其相关的各种金融活动的总称。中国在京都议定书中不属于附件一中被强制减排的国家，不需要承担减排的义务，我国参与碳金融业务的主要方式就是清洁发展机制，在国际碳金融市场上还缺少话语权，国内也没有健全统一的碳金融市场。按照《京都议定书》的相关规定，目前国际碳金融市场可以分为两类：基于项目的市场和基于配额的市场。

1. 基于项目的市场

基于项目的市场，主要是指碳排放权的买方向卖方提供资金和技术支持，开发绿色、节能减排项目，并从该项目中获得减排额度。每一个低碳项目完成都会产生碳减排量，这个碳减排量必须经过专门的机构核证才算有效。与发展中国家相比，发达国家的企业在本国的减排成本相对较高，因而发达国家为了获得减排额度，又不会花费太高的成本，就可以向发展中国家开发减排项目提供所需要的资金和技术、设备等支持，项目成功后产生的碳减排额度属于发达国家，同时这些碳减排额度还可以在二级市场进行交易。《京都议定书》中规定的联合履行机制（JI）和清洁发展机制（CDM）是项目市场的主要形式。联合履行机制项目中产生的碳减排量称为减排单位（ERUs），由清洁发展机制项目产生的碳减排量成为核证减排量（CERs）。

2. 基于配额的市场

配额市场的主体主要是有减排指标的国家、企业或者一些组织。在国际相关碳减排管理机构的总量管制和配额交易制度下，向市场参与主体分配或拍卖碳排放配额，这种方式是通过市场化的手段将经济发展和环境保护有机地结合到一起，使得参与主体能够以尽可能低的成本来完成减排要求。配额市场分为两个部分，即强制碳交易市场和自愿碳交易市场。强制碳交易市场主要是指一些国家或地区有规定的强制减排目标，如欧盟碳排放交易体系；自愿碳交易市场是没有强制减排义务的国家或组织出于环境保护的目的，自行确立的碳减排体系。《京都议定书》没有对这些国家或组织具体规定减排任务，这些参与者完全是出于自愿做出减排承诺，如芝加哥气候交易所和自愿减排体系。

二、碳金融相关理论

古典经济学认为，市场需求是交易产生的直接原因，而供给与需求交易的载体是产品，产品只有通过交易市场的交易才能使生产者获得产品收益。在现代，事实上伴随着人类经济社会的不断发展，特别是现代工业化革命以后，人类与资源环境的关系日趋紧张，高度发达的工业化使得资源几近枯竭，环境恶化成为制约人类可持续发展的重要因素，为了解决这一制约发展的瓶颈，人类社会利用聪明智慧才创造出了清洁发展机制和碳交易市场。总体而言，碳交易市场的理论基础主要包括四个方面：一是交易成本理论；二是科斯定理；三是外部性理论；四是福利经济学理论；五是环境金融理论。

（一）交易成本理论

相关学者在 1937 年首次提出了交易成本理论，并在《社会成本问题》一文中做了进一步解析。交易成本理论认为：市场交易的路径是供求双方互相搜寻信息、商讨合约、商议价格、监督合约执行等过程，在这一系列过程中交易双方都会产生"交易成本"。依此理论在现实经济环境中，任何市场都存在交易成本，交易双方都需要通过各种措施来降低交易成本，以控制成本上的投入。

该学者在交易成本理论中进一步指出：如果没有交易成本，不论初始产权采取什么形式分配，都会实现各方效益最大化的帕累托均衡；如果存在交易成本，那么初始产权分配形式会影响到资源配置效率，所以建立明晰的产权制度对于优化资源配置具有很强的必要性。根据第二定律，政府或市场监管者需要建立与产权相关的法律法规来明晰产权，进一步降低交易成本，由此交易成本理论成为制定产品相关法律法规重要的理论基础。

虽然该学者提出了交易成本理论，但他没有进一步对交易进行分类研究。该学者在其他学者的研究成果基础上，进行了进一步分类研究，将交易成本划分为事前成本和事后成本两种类型。他定义事前成本是指交易初期产生的各项成本，事后成本是指交易过程中产生的各项成本。

实际上，交易成本理论在应对全球气候方面发挥的重要作用主要体现在对《京都议定书》进行的分析研究。按照交易成本理论，各国都会谋求制定一个有效的国际法律法规来降低交易成本，由此《京都议定书》可以看作是各国为了降低应对气候变化交易成本而做出的选择。

（二）科斯定理

由于环境资源普遍具有公共物品的属性，缺乏排他性和竞争性，在使用过程中往往出现较强的负外部性，导致环境资源被过度使用。针对负外部性导致的一环境污染，产权经济学家提出了通过产权和市场手段解决相关问题。经济学家认为，只要能够明确产权配置，在交易成本为零的前提下，市场交易就能够保证最终实现有效率的结果。不管最初产权如何分配，市场机制能够使资源配置达到帕累托最优。该理论应用到环境污染问题中，可以理解为，只要对产权进行明确的配置，污染者和污染受损者就能够通过市场谈判解决污染问题。但是如果产权没有被清晰界定，例如大气，那么任何人都可以向空气中排放污染物，市场机制发挥不了作用，环境资源治理将会非常困难。该理论为通过市场交易手段解决污染问题提供了重要思路，也是现在污染物排放权和排放指标交易等理论基础。

但是交易成本为零并不符合现实世界假设，现实交易成本往往不为零，有时甚至达到阻碍交易进行的地步。在存在交易成本的世界中，产权的界定给哪一方就变得非常重要，因为这将会决定资源配置效率，合理的产权界定将会节约更多的交易成本，也就能够达到最优资源配置效率的市场结果。产权清晰能够提高社会资源的配置效率，但是未必对于交易的任何一方都有利。排污权的分配必然是一个复杂而艰难的博弈过程，获得排污权的一方通常是获胜方，但是也必然有承担损失的某些集团或个人。因此，进行初始的排污权界定和分配是非常重要的。

（三）外部性理论

根据古典经济学理论，在市场满足信息完全透明、交易成本为零、完全竞争等条件下，经济人出于自身利益最大化的目的所做的行为都能够通过市场机制实现整个社会福利的最大化，实现社会资源配置的帕累托最优。但是经济在现实运行中，存在交易成本不为零、信息不对称、市场不完全竞争等多种市场摩擦，纯粹的市场机制无法实现社会资源的最优配置，即现实经济运行中存在市场失灵的情况，需要政府通过一系列的政策行为进行干预。当经济主体的活动对其他人和社会的影响无法通过市场化的价格机制反映出来，就存在外部性，外部性也称为外部效应、溢出效应、外在效应等。商品生产中的私人成本和社会成本之间的差额就是私人活动中的外部成本。外部性分为正外部性和负外部性。当经济主体的经济活动使他人或社会福利增加，但是受益者无须为此支付代价，那么该行为就具有正外部性。当经济主体的经济活动使他人或者社会的福利下降，但是受损者并未因此受到补偿，那么该行为就具有负外部性，负外部性广泛存在于人类社会的行为中。例如，化工厂排出的废气和废水对周围居民生活和健康的影响等。

（四）福利经济学理论

福利经济学理论中的外部性理论为解释环境问题提供了理论支持，该理论所指外部性又称溢出效应，是指经济个体的行动和决策使另一部分经济个体受损的经济现象。外部性影响又分为正外部性和负外部性，正外部性是指经济个体的行动使得他人或社会收益，而受益者无须花费代价，负外部性是指经济个体的行动使得他人或社会受损，而造成的损害无须造成负外部性的人承担成本。

相关学者认为：纯粹依靠市场配置资源无法实现全部利益相关者的利益最大化。在环境经济领域，经济个体投入成本开展节能减排的创新并取得成效后，成效会被其他经济个体共同分享，且无须支付成本，这是正外部性。反之，经济个体的排污等生产经营活动给环境造成负面影响，如果排污者从此行为中获益且不支付对应的环境治理费用，这些费用就会转嫁到其他经济个体身上，这是负外部性。由于大气、水等环境资源属于公共资源，其产权很难得到有效界定，因此往往出现会被滥用的情况。

为了减少企业排污等负外部性，该学者提出了"庇古税"的概念，主要含义在于由政府部门对于负外部性确定一个合理的成本，并向企业进行征税，从而约束企业的排污行为。"庇古税"的局限性在于一是难以确定合理的排污量；二是无法对企业的边际外部成本和边际收益进行准确核算。当前应对全球气候变化过程中，福利经济学还是发挥了重要的作用，特别西方相关环保法律法规的制定过程都体现了福利经济学相关理论的影响。比如，欧盟排放交易体系对减排配额进行拍卖、并对超额排放的经济体进行惩罚实质上就是一种"庇古税"。

（四）气候环境金融学相关理论

气候、环境金融理论是从传统金融理论中延伸出来，将低碳金融理论注入传统金融理论之中，增强了传统金融行业的增长活力，为可持续发展提供了进一步的动力。同时，气候、环境金融的理念也要求传统金融业在追求自身发展的同时，必须实现低碳、环保的发展。在这一相关领域，相关研究不断丰富，理论日臻完善。

1. 气候经济学

相关学者在《气候经济学》一书中提出，气候经济学是一门研究气候对经济领域作用机制，同时讨论如何实现气象资讯经济价值的学科。气候经济学通过经济学视角，对全球应对气候变化进行研究。温室气体由于其特性，在减排和改善方面具有较强的非竞争性和非排他性。气候经济学中的排污权理论可以为研究所有污染物排放交易奠定了理论基石。排污权理论认为，所有经济主体都享有排放污染物的权利，但是排污有上限，一旦超过，需要购买排放权来实现排放，如果排放没有超过上限且有剩余时，可以出售相应排放权额度来获取经济收益。

2. 环境金融学

环境金融学提出时间不长，是一个比较新的理论领域，但非常适应当前时代发展的需要。环境金融学主要关注如何通过金融工具来实现环境的可持续发展。它对于金融业中的环保意识提出了较高的要求，同时环境金融学也更关注人类生存、发展过程中环境问题和金融产品服务可以在其中发挥的作用。环境金融学建立了环境与金融之间的纽带，将环境污染、全球气候变化和经济发展结合在一起研究讨论。从本质上讲，碳金融理论源于环境金融学，它既是环境金融学的一个分支，也是温室气体排放和金融学理论问题的融合，是环境金融学在当下时代发展背景中的重要理论和实践创新。

3. 企业社会责任理论

美国研究者 1924 年在其著作《管理哲学》中首次提出"企业社会责任"概念，这一理论区别于传统的企业追求利润最大化的观点，更加关注实现人和环境的共同价值。即在企业日常经营中，不仅仅要考虑经济利润，还要兼顾考虑员工的发展、消费者的满意程度、对环境的保护以及社会的可持续发展等等，从而实现多方的共同发展。可以说企业社会责任是碳金融发展的巨大推动力之一，一方面，企业为了履行社会责任，在获取利润的同时自发性地进行减排。另一方面，企业自发性的减排也有金融方面的需求，为金融机构也带来商机。因此，金融机构通过介入碳金融业务，可以为企业履行社会责任提高金融支持。

三、碳金融风险防控相关理论

碳金融风险防控相关理论认为：风险是由各种不确定因素不断组合、增加引发，风险是可以防控的。当前国内外碳金融市场都处在发展初期，各种体制机制还很不完善，面临诸多难题和风险。比如在清洁发展机制（CDM）下，存在着由于标准不确定，替代产品不断涌现等造成的基准线划定风险。在CDM项目周期中，如存在着履约风险、价格风险、政策风险及国际市场风险等，因此项目主办方可能面临着项目中断、被替换、项目失败等各种风险因素。碳金融参与机构也面临着经营破产、项目质量风险等。事实上，我国从2013年开展碳交易试点以来，就面临了较大的市场压力，而且碳资产缺乏流动性、企业缺乏契约精神等情况，造成了我国碳金融交易市场较大的不确定性风险。

（一）碳金融风险概念及分类

碳金融风险是一种特殊的风险，在了解碳金融风险之前，首先要明白风险的概念。风险一般被认为在特定的环境下，特定的时间段内，发生某种损失的可能性，风险的三要素包括风险因素、风险事故和风险损失。在学术界，对风险的解释总结一下主要有两种：

狭义风险：风险是发生损失的可能性。这个观点就是把风险归结为发生损失的不确定性，风险只能带来损失，不可能带来获利。广义风险：风险是某事件在未来发生的不确定性。这个观点把风险的特征总结为不确定性，这个不确定性既包括可能发生损失或获利，也包括可能发生的没有损失或者没有获利。

关于碳金融风险的定义，目前还没有统一的说法，文章根据学者对碳金融风险的研究，把碳金融风险的定义归纳为：各交易主体和经济社会在碳金融活动中遭受损失的不确定性。碳金融风险的特征主要表现在普遍性、损失性、社会性、客观性等几个方面。由于碳金融市场自身的特殊性，对管制依赖程度高，在碳排放交易的过程中存在着诸多的缺陷，碳金融市场的运行也面临着各种不确定性。碳金融交易很多都涉及跨国交易，由于每个国家的法律、制度、减排目标都不同，就会产生政策风险、制度风险、价格风险等一系列不利因素，概括来说，碳金融风险的类型主要包括政策风险、项目风险、经济风险、操作风险、市场风险、信用风险等。

（二）碳金融风险的形成

风险因素不断叠加、组合、成长就会导致风险的发生，我国的碳金融市场起步较晚，相关的配套设施还不够完善，在运行过程中不免遇到很多风险和困难。CDM 发展周期中存在着各种风险，无论是项目的准备还是减排量的核证，都存在着各种不确定性，比如履约风险、政策风险、价格风险等。在清洁发展机制下，存在着因为基准线确定标准不明确或者有替代产品等一些因素而形成的基准线风险；项目的主办单位则会面临一些商业风险，比如项目开发失败、项目周期中断以及项目替代等一系列风险。参与该项目的机构则面临着项目破产、项目质量和持久性风险等一些风险。在 2011 年的碳市场发展报告中指出了碳逆转风险可能会转变为碳交易风险，而自然风险和人为风险则是导致碳逆转发生的主要原因。从企业参与碳金融的角度来说，有可能存在着为了遵守碳交易规则而影响企业经营业绩的风险，也会带来因为气候的变化而导致行业损失的风险。随着国际上对于碳金融的重视，碳金融市场的发展也越来越迅速，伴随着市场的发展，开始出现政策风险、经济风险、操作风险和市场风险等。2010 年至 2011 年，犯罪分子利用国际碳市场制度框架的漏洞，进行恶意的网络攻击，国际碳市场经历了好几桩比较大的欺诈事件，比如增值税舞弊、网络钓鱼欺诈、经核证的减排量回收再销售等，这也显示了碳市场面临的风险复杂丛生，也在很大程度上削弱了国际碳市场的基础。

（三）碳金融风险管理

相关学者在 1952 年提出"投资组合理论"，该理论是通过设定不同的目标选择投资组合模式，从而在风险最小的前提下实现收益最大化的目标。从碳金融产品角度来说，由于影响因素复杂、市场环境不够完善，任何一个微小的变化都有可能引起全局性的震动，因此对于碳金融产品的投资者来说，进行投资组合管理非常必要。

碳金融产品投资组合管理的前提是市场上要拥有多样化和多元化的风险产品，只有有了可作为组合的产品，投资者才能考虑碳在金融产品市场内部完成市场与产品的多元化配置或组合，从而克服单一或同类碳金融产品、市场流动性不足的弱点。特别是在同类产品间，虽然受到价差和流动性偏低等因素影响，但是这些产品价格之间还是会呈现出一定的相关性。实际上，市场上碳金融产品多元化投资者的数量由于风险相对分散，通常低于单一产品投资者的数量。此外，投资者也可以利用价格波动在产品间进行多元化选择，如通过碳金融产品与石油、天然气、煤炭等产品间的相关性，在产品间进行有效配置，从而减少非市场风险。

因此，可以看出产品价格之间的关联度对于组合风险管理发挥着重要的作用，如果通过判断碳金融产品之间的关联度，可以对投资组合进行初步判断，再利用 CVaR 模型，可以测算投资组合可能发生的最大损失，进而对投资组合模型的最大化收益进行测算，从而在同等收益下，可获得选择风险程度最低的投资组合。

（四）碳金融风险的评估与防控

风险防范的意思可以分为两个层面，一个是管理者为了消除或降低风险发生的概率而采取的措施，另一个是管理者为了降低风险损失所采取的方法或措施。风险防范的流程可分为风险识别、风险评估和风险控制等。

1. 风险识别

风险识别是在风险发生之前，风险管理者运用各种方法和技巧发现潜藏的风险，并分析其形成的原因。对于碳金融风险的识别方法，一般可以凭借经验判断或感性认识等方式来判定风险的性质，并从中总结出风险损失的规律和一般的识别方法。其中专门针对碳排放权交易的风险识别需要从四个方面来把握：排放名单的确定、检测排放的方法、信息系统的管理以及碳排放注册登记。

2. 风险评估

风险评估主要是针对风险事故发生后，对其造成的影响和损失进行量化评估，主要包括风险承受能力评估，风险的优先等级评估和风险概率及负面效应的评估等方面。经常使用的风险评估方法是定性分析、定量分析、计量经济学模型分析等方法。

碳金融风险评估一般是在碳金融风险识别后，人们利用风险评估方法对碳金融风险进行评估。目前国际上对于碳金融风险的评估模型有很多，比如度量信用风险的 Credit risk+ 模型，度量碳排放权交易市场风险的 VaR 模型，度量操作风险的统计度量模型等。

3. 风险控制

风险控制是在风险识别和风险评估的基础上，风险管理者利用各种措施，通过各种途径来减少或消除风险损失的办法，它也是风险防范的核心。在碳金融市场上，风险管理者防范风险的途径有很多，比如制度约束，政府监管，金融支持，信息系统管理、第三方机构参与核查等。管理者为规避由于信息不对称带来的风险，可以完善信息披露机制，建立碳金融数据库，另外也可以通过创新碳金融产品、加强国际之间的合作等来转移分散风险。

四、碳金融产品的价格影响理论

在碳金融市场活跃发展的情况下，碳金融产品的价格形成机制成为研究热点。但是研究的复杂性在于，碳金融产品影响因素非常繁多，受环境和经济冲击较大，同时，由于碳金融产品诞生时间较短，缺乏数据和资料积累，影响了碳金融产品价格机制的研究。另外，碳金融产品定价另一个复杂之处在于，由于其稀缺性，不能采用传统的预期收益率作为价格标尺，价格主要由产品的稀缺程度引起的市场供需决定。在国际碳金融市场上，主要市场参与者包括配额供给者、使用者和第三方机构。文章将以此三方为出发点，分析三方对于价格的影响作用。

（一）需求因素对碳配额交易价格的影响

1. 煤——气替代作用

当前，煤、石油、天然气及页岩气是最为重要的能源燃料，这些能源的燃烧都会产生大量的温室气体，但是相较而言，石油、天然气、页岩气是较为清洁的能源，在相同的能量提供下，煤的碳密集程度远高于石油、天然气、页岩气。因此，煤和石油、天然气、页岩气价格的变化会对碳排放权市场产品的需求造成显著影响。例如，当煤炭价格上升时会使得碳排放权需求量下降，而当石油、天然气、页岩气价格上升时，也会使得碳排放权价格产生波动。另一个未来将能见到的例子：如果美国和加拿大的页岩气大量开采，产量的提高会导致页岩气价格的进一步走低，进而会传导到碳排放权价格持续波动中走高，反之则相反。

2. 经济周期作用

温室气体排放量的另一个影响因素是经济发展状况，产量和排放量呈现正向相关关系。当经济扩张时，经济产出增加，企业对电力、能源等大幅增加，从而增加了市场上对碳排放权的需求量，导致碳金融产品价格上升。反之，在经济衰退期，经济产出下降，企业的用电量耗能下降严重，碳排放权需求量和价格也将随之下降。例如，由于 2008 年金融危机影响，全球经济呈现整体低迷，碳金融产品市场需求大量萎缩，2008 到 2009 年初的这段时间内，欧盟排放配额（European Union Allowance）价格陷入低谷，此外由于企业将配额作为价值资产大幅出售，也引发配额价格大幅下滑。随着 2009 年以来经济逐渐复苏，EUA 价格也触底反弹。

进入 2015 年，美国经济伴随退出货币的量化宽松政策，美国经济走向复苏，但欧洲为了提振实体经济又采取了新的货币量化宽松政策来刺激经济中国经济从高增长稳步进入中高速增长的新常态周期，我国经济周期的新常态必将使得碳排放量发生新的变化，"量价的相互作用"将导致碳配额交易价格的新变化。

3. 减排技术发展

减排技术水平的高低也将对排放量和配额价格产生直接影响，随着减排技术的升级进步，单位产量的排放需求随之减少，因此碳排放产品价格也相应降低。而当技术发生革新时，排放权产品的价格会随之下降。

4. 其他因素影响

除了以上几种影响因素外，气候、雨雪天气、核能发展、植树造林带来碳汇发展等因素都会对碳金融产品价格产生重大影响。例如，过于寒冷的冬季气候会引发电力需求的增大，从而增加碳金融产品价格。风力、水力能源的增长也会减少电力需求，从而降低碳排放权价格。例如 2011 年日本福岛核事故对于核能的负面影响，以及造成的人们对于核电安全性的担忧，各种影响因素形成了 BNS 市场 EUA 价格走势。

（二）政策因素对碳配额交易价格的影响

政策因素对于碳配额交易价格有较大影响，原因在于温室效应属于典型的市场失灵范畴，因此政府必须在其中发挥作用，政府的这种作用在项目或碳排放权产品市场价格上都有极大影响。对于 CDM、JI 一类的项目来说，审查机制的松紧度对于配额量和配额价格都有重要影响。此外，政府可以通过政府指导价来体现政策导向，通常对于清洁能源行业设定较高的最低价格，对于高耗能高污染行业的产品限定较低的最低价格。从我国的实践来看，化工类项目最低限价为 8 欧元/吨；可再生能源项目则为 10 欧元/吨。由于政府价格干预，碳金融产品的市场价格也会受到较大影响，阻碍了价格机制的市场化形成。

2012 年时点欧盟排放体系占据全球总交易额的 80% 以上，是全球最为完善的碳金融市场。欧盟排放权分配计划（NAP）作为碳金融产品市场的主管机构，把体系分为 2005 到 2007 年，2008 到 2012 年和 2013 到 2020 三个阶段。第一个阶段限定在欧盟国家内部，会员国具有 95% 的免费配额发放，第二个阶段市场拓展至欧盟以外国家，降低了 5% 的免费配额发放，第三个阶段引入了配额拍卖模式。三个阶段层层递进，三个阶段的政策差异对于碳金融产品价格具有显著的影响。

此外，欧盟限制各阶段间的配额流通，不允许配额在不同阶段进行交换，不同阶段间的碳价受到巨大影响。通过 EU-ETS 体系内 BNS 市场数据的观察，可以发现，因为第一阶段期末，配额失效了，2007 年市场上出现了大量配额供给，供大于求严重，价格大幅下滑接近于 0。在第二阶段开始时，排放权价格又出现了恢复。因此，政策对于碳金融产品市场价格影响非常巨大。与现货价格表现出较好的曲线吻合，而和第二阶段价格呈现出一定的分离。

（三）配额对碳排放权价格的影响

在目前的碳金融交易体系中，限额—交易价值最为普遍。在这种机制下，公共部门制定减排目标，并通过拍卖或者免费发放等形式向企业发放配额，对配额进行分配。此外，另一部分配额供给来自一些国家或企业在减排项目获得认证后对于减排单位的核减，这部分指标可以在市场上出售，也成为市场供给的一部分。在这种机制下，市场上的企业力图将自身的碳排放控制在政府分配的限额内，对于超出限额的部分，则需要通过自行削减排放或者在市场上进行购买获得，否则有可能面临严厉的经济处罚。因此，当配额发放了较多时，超额的企业就会变少，出售配额的企业就会变多，碳排放价格会降低。以 EU ETS 市场为例，由于第一阶段配额发放数量过多，市场价格由 30 欧元 / 吨跌落到 0.1 欧元 / 吨。在 2006 年 4 月，由于欧盟披露的 2005 年实际排放权使用量低于配额的 3%，导致四天内价格下跌了 54%。之后，由于欧盟宣布下一阶段收紧配额，导致 2008 年排放权价格高于 2006 年 4 月平均价格。除此以外，由于排放权在生产中无须储存，不直接影响生产，不是必需的生产原料，只要在规定时限内补齐即可，因此在补齐时限的截止日期附近，排放权价格通常较高。

五、其他相关理论基础

（一）行为金融学

行为金融学是研究人的行为对金融交易影响的学问，实质上是将心理学融入传统金融学理论之中，从微观个体行为的心理动因来解释、研究和预测市场的动向。从行为金融学视角出发，金融市场主体的市场行为与传统经济学理论会出现偏差和反常，通过分析这些偏差可以探寻不同市场主体的行为特征，从而建立反映实际决策和市场运行的模型。行为金融学是与有效市场假说（Efficient Market Hypothesis，EMH）相对应的一种学说，主要可分为套利限制（Limits of Arbitrage）和心理学两部分。

20 世纪 50 年代，相关学者基于公理化假设建立了期望效用函数理论，对不确定条件下的理性人（Rational Actor）进行分析。在这之后，有学者进一步发展和完善了一般均衡理论，成了经济学分析的基础和统一的范式。为现代金融学分析理性人决策奠定了基础。也有学者 1952 年在其著名的 "portfolio selection" 论文中提出了现代资产组合理论，成为现代金融学诞生的标志。在这之后，还有学者提出了 MM 定理，将公司金融学打造成为现代金融学的重要分支。

20 世纪 60 年代，相关学者建立了资本资产定价模型（CAPM）。70 年代，有学者提出了更具一般意义的套利定价模型；也有学者对于有效市场假说提出了正式表述；还有学者开创性地建立了期权定价模型（OPM）。经过几十年的发展，现代金融学形成了一套逻辑严密，具有科学分析框架的学科。

20世纪80年代，大量实证研究发现了许多现象用现代金融学理论无法解释，一些学者开始试图通过将认知心理学的研究成果与投资者行为分析相结合，来解释这些异象。到了20世纪90年代，出现了大量理论和实证研究，形成了行为金融学派。两位学者因为这个领域的研究分别获得1999年克拉克奖和2002年诺贝尔奖，这些获奖也说明了行为金融学派逐渐被主流经济学所肯定，这也进一步促进了行为金融学学科的发展。总之，通过行为金融学的研究可对碳金融交易市场主体参与者的行为进行分析，有利于我们对碳金融交易市场的操作风险有更好的把握。

（二）博弈论及信息经济学

博弈论（Game Theory），属应用数学的一个分支，是经济学的标准分析工具之一。主要关注与激励结构之间的相互作用，是运筹学的一个重要学科。博弈论主要通过考察博弈中个体行为的预测和实际情况，进而优化他们的策略。通常认为，博弈论可以划分为静态和动态博弈两类。在静态博弈中，参与人选择行动前并不知道先行动者采取的具体行动；动态博弈是指在游戏中，参与人行动次序有先后差别，后行动者可以观察到先行动者所采取的行动。例如，"囚徒困境"属于静态博弈，双方同时决策，互相不知道对方的行动选择；棋牌类的游戏通常属于动态博弈，双方行动决策有先后之分，且互相知晓。另一种分类是将博弈分为完全信息博弈和非完全信息博弈。完全信息博弈是指，每一位参与人对于他人的特征、选择空间和效用函数具有完全的信息。反之，不完全博弈是指参与人对于他人信息的不准确掌握。从博弈进行的次数和时间可以分为有限博弈和无限博弈，从表现形式可以分为一般型和展开型。实际上从博弈论及信息经济学内涵看，碳金融交易市场的交易主体，可充分利用博弈论及信息经济学对对手进行价格风险分析和操作风险判断。

（三）逆向产品建模技术

创新性设计需要创新性思维，创新性思维需要创新性方法。逆向产品建模技术是根据已有的实体模型，扫描其数据，然后在3D环境中重新生成其数字模型。碳金融及其衍生产品的创新也离不开一般产品创新的创新技术的积累和发扬光大，利用逆向产品建模技术，可借鉴工程技术上的产品消化、吸收国外先进技术已进行的新产品开发模式，对碳金融产品而言，采用国外已有的产品假设，然后逆向去寻找风险点和管控点，进而较快地获得产品研发和获得创新的有效途径。

在碳金融交易市场的市场风险分析上，利用逆向工程技术的创新方式，是我国当前碳金融交易市场风险管控下进行产品创新的可行方式。我们应充分学习借鉴国际碳金融市场上丰富的产品经验，创新研发中国的产品。逆向建模过程中数字化技术、点云数据的预处理技术、特征曲线的重构与编辑技术、特征曲面的重构与编辑技术，都应成为我国碳金融产品创新的借鉴。同时如采用产品三维建模软件及特征提取软件，即逆向软件进行比较分析，对国际产品建模过程中所涉及的曲线、曲面数学原理进行应用，在产品逆向建模的基础之上，引用到碳金融产品创新之中，实现碳金融及其衍生产品的创新。

（四）新巴塞尔协议市场风险分析理论

巴塞尔委员会是 1974 年由十国集团中央银行行长倡议建立的，1988 年该委员会推出了"巴塞尔资本协议（Basel Accord）"，2006 年完善更新的新协议的正式实施，时间跨度长达 30 年的巴塞尔协议的内容不断丰富，新巴塞尔协议所体现的金融监管思想和风险管理理念已经得到全球绝大多数国家的认可。

从总体上看，新巴塞尔通过引入市场、信用和操作三大风险，使得资本充足率的视野，和风险管理的视野被拓宽。第一，市场风险。包括两大因素，一是价格因素，主要指因未曾预料的市场价格变动而导致银行表内外头寸损失的风险，包括利率风险，外汇风险、股权风险和商品风险。二是流动性因素，其主要考虑的风险因素包括：汇率、利率、股权、清算和大宗交易。第二，信用风险。包括两大因素，一是因交易对手直接或者间接违约给银行带来损失的违约风险，二是因交易对手信用等级下降带来的潜在风险。考虑的风险因素包括：违约概率（PD）和相关违约，违约损失率（LGD），风险暴露（LEAD）、持有期（M），以及其他风险缓释工具等。第三，操作风险。主要指由于不正确或错误的内部操作流程、人员、系统或外部事件导致直接或间接损失的风险，操作风险考虑的因素：个人的能力、激励和约束、高频低危和低频高危事件、应急方案等。尽管新巴塞尔协议市场风险分析理论主要针对商业银行及其监管应用，但是作为市场风险分析的重要的并且是最系统性的理论，理应成为我们分析和研究碳金融市场交易风险的重要参考。

第三章 国内外碳金融交易的发展及风险管控

一、国际碳交易市场的发展现状

（一）碳交易市场及碳金融形成的背景

1992 年通过的《联合国气候变化框架公约》的宗旨是将全球大气中温室气体的浓度控制在一个稳定的水平，以此避免人类活动的干预对气候系统造成实质性不可逆转的影响。在联合国气候变化框架公约要求下，各国政府都必须承担"共同但有区别"的责任，共同应对气候变化。

1997 年 12 月在日本京都，联合国气候大会通过了《联合国气候变化框架公约的京都议定书》，这是人类第一部限制各国温室气体排放的国际法案，这个法案是为了应对全球气候变暖的加剧可能对人类造成伤害这一事实，其目标是控制大气中的温室气体含量，将其稳定在一个适当的水平。2011 年 12 月，《联合国气候变化框架公约》第 17 次缔约方会议达成最终决议，这个决议做出了两项重要的决定，一是决定建立德班增强行动平台特设工作组，二是决定实施《京都议定书》第二承诺期。

《联合国气候变化框架公约的京都议定书》为发达国家和经济转型国家（主要是东欧国家）制定了具体的量化减排承诺，《京都议定书》签约国均同意在第一承诺期内（2008 年到 2012 年）将温室气体的排放量在 1990 年的基础上降低 5% 左右。这实际上是为各国分配了一个减排额度，每个国家的减排额度都需要这个国家在未来花费大量的财力去完成减排目标。但是《联合国气候变化框架公约的京都议定书》对发展中国家并未规定减排的具体量化目标，为了促进所有承诺国家完成减排目标，京都议定书规定了三种市场机制：

（1）清洁发展机制（Clean Development Mechanism，CDM）。清洁发展机制是《京都议定书》中引入的灵活履约机制之一。根据 CDM 机制，非附件一国家（即发展中国家）的减排项目产生的核证减排量（CERs）可以转让给附件一国家（《京都议定书》第十二条）。

（2）联合履行机制（Joint Implementation，JI）。联合履行机制是京都议定书第六条所确立的合作机制。JI机制是关于发达国家之间如何进行项目级的合作，该合作所实现的温室气体减排额可以转让给另一发达国家缔约方，转让额度可以抵消受让国的减排额度，同时要求转让国的允许排放限额上扣减相应的额度。

（3）国际排放交易机制（International Emissions Trading，IET）。排放交易机制是指京都议定书下第十七条所确立的合作机制。即允许附件一国家的分配数量单位（Assigned Amount Units，AAUs）和其他京都信用（包括CERs和REUs）交易。

实际上，前两种机制被称为基于项目的市场机制，其产生的CER和ERU可以被附件一国家购买来满足其国内的减排承诺。每一份CER，ERU或AAU相当于一公吨二氧化碳（tCO2e）。京都机制被采纳的背后有深刻的原因，首先是由于减排成本在行业和各个国家之间的分布是不平衡的；其次是由于全球气候系统是一体的，因此每一公吨二氧化碳排放对地点是不敏感的，即无论在哪里排放都会对全球气候系统产生一样的影响。同时鉴于资金是有限的，所以有必要采用最小化的成本来达到减排的目的。尽管京都议定书为市场机制提供了框架和原则，但是具体的规则和形式仍需要落实，这一过程直到2001年的马拉喀什协定才逐渐得以成形。

在理论上，构建碳交易的依据根源于科斯定理；在实践上，碳交易市场起源于美国环保署推行的排污权市场。与一般市场不同，碳交易市场本质上是借助市场机制和金融手段应对气候变化的政策工具。这为发达国家提供了一种创新型的手段来完成他们的减排承诺。对于被列入附件一的发达国家来说，他们通过两种手段来完成其承诺的减排量，即国内的努力，如制定标准、税收、补贴、国内的碳交易等手段，或者使用京都议定书下的三种市场机制，即国际碳排放权交易、联合履行机制和清洁发展机制。

以碳排放权来源及交易特征为标准，国际碳金融市场大致可划分为两种类型，一是基于配额的市场（allowance-based markets），二是基于项目的市场（project-based markets，又称为基准——交易市场）。基准——交易市场交易是卖方温室气体的减排额度为抵押，获得买方的资金支持。一般情况下，发达国家的企业减排成本较高，而与之相反，发展中国家中企业的平均减排成本要低得多，发达国家为了低成本地完成减排配额，更愿意以提供技术、设备或资金等支持方式帮助发展中国家的企业实现减排，从而完成减排额度，而发达国家获得的这些减排额度也可以拿到碳交易市场上进行交易。这种基于项目的碳交易比较分散，而基于配额的交易相对比较集中。

基于配额的碳市场是建立在有一个总的排放配额基础上，政府决定总的排放配额，并将配额配给给所有碳排放超标企业，同时对到期不能履约且不能通过碳市场购买相应配额的超标排放的企业进行惩罚。在这种机制下，企业会自动依据自身减排情况去碳市场对配额进行交易，履行自己的碳减排义务。

基于配额的市场又可以再划分为强制碳交易市场和自愿碳交易市场，前者是基于区域性、强制性的减排指标设计出来的，典型的市场有欧盟碳排放交易体系、美国的区域温室气体行动计划 Regional Greenhouse Gas Initiative（RGGI）等；后者则是处于《京都议定书》之外一些没有承担减排义务的国家或国际组织订立的减排体系，这类市场主要是通过企业主动承担社会责任自发性地做出减排承诺并购买排放量来实现减排，"自愿碳减排体系"（VER）和芝加哥气候交易所（CCX）就是这样碳市场。事实上，这种交易方式下的"碳排放量"可以视同商品，它以价格机制为驱动，能够促进企业承担社会责任，主动减少碳排放，进而减少全社会的碳排放的机制。

基于配额和基于项目的两种市场可以通过政策上的"关联机制"实现融合，这两种市场体系的内在融合可以极大地提高碳市场的流动性，提高"碳排放量"的流动性。碳交易市场可以使各企业的碳项目获得一定的时间"缓冲"，在不能立即获得资金技术支持的条件下逐步的实现减排目标。基于项目的市场和基于配额的市场融合，主要通过政府预先设计的政策上的"关联机制"和由该机制产生的市场"合规"与"套利"行为来实现。通过加大这两种市场体系的融合，企业可以获得时间选择最优时机实现减排目标，同时也可以使碳交易市场的流动性增加，吸引更多的企业和个人参与到碳市场中来。Ginion Bank Investment Consultant Co.Ltd 经对全球碳交易市场的发展情况进行过调研，结果表明截至 2010 年 12 月，目前全球碳交易市场主要集中在欧美发达国家，而我国碳交易体系正在建立初期，有待于进一步完善。

（二）国际碳金融市场的发展现状

1. 国际碳金融市场体系及其机制日趋完善

目前国际碳金融市场体系主要由欧盟排放交易体系（EUETS）、美国的芝加哥气候交易所（CCX）和印度碳交易所（MCX 和 NCDEX）等为代表的市场体系组成，这些碳市场在全球碳排放权交易中发挥了主导作用，这些碳市场已经形成了能够反映全球碳稀缺性的碳价格机制。由于各主要发达国家已经就碳减排的必要性达成共识，碳金融市场建立时间虽然不长，碳金融交易的模式及产品等已经呈现出多层次化的发展特征。例如，以碳排放配额为原生品基础上产生了碳远期、期货、期权、掉期等金融衍生品。碳衍生品受到投资者的关注，2007 年 ECX 推出 CER 期货的成交量超出了大量的预期，仅一个月就成交

1600 万吨 C02。0EUA 和 CER 期货期权金融衍生品交易额 2007 年、2008 年分别增长了 124% 和 169%。2008 危机没有对碳交易造成更大的影响，2009 年 EUETS 总额达 1185 亿美元的碳交易，其中碳期货仍占到 73%。

2. 三种灵活机制发展迅速

自《京都议定书》生效以来，CDM，JI，IET 三种碳机制在签约国家和地区实施并迅速发展起来。欧盟是碳排放政策的主导者和执行者，2007 年 EUETS 覆盖了 40% 的欧盟的总碳排放量，实现贸易额 500 亿美元；CDM 一级市场贸易额达到 74 亿美元，CDM 二级市场也得到了迅速发展。到了 2011 年，EUETS 总贸易额同比上涨了 11%，比 2007 年增加了三倍多，达到 1710 亿美元。2008-2012 年 CDM 项目取得了巨大的成果，CDM 项目总的减排量为 $29 \times 108t$ 气二氧化碳当量。《京都议定书》的有效期为 2012 年年底，但是 CDM 在 2012 年之后依然正常运营，至 2020 年以前，CDM 项目产生 $34 \times 108t$ 二氧化碳当量的减排量。联合履行机制（JI）项目也获得了长足发展，截至 2012 年 3 月，已累计发行 $1.31 \times 108t$ 减排单位（ERU），其中最大生产者是乌克兰，产生了 50% 的 JI 项目，其次是俄罗斯，产生了 32% 的 JI 项目。作为新兴市场，外部环境的不稳定性对碳交易市场的影响非常大，外部环境因素包括政策因素、国际气候谈判、国内配额计划、温度等。2008 年金融危机爆发后，全球金融市场受到巨大冲击，碳交易市场也不例外，碳价持续下跌，直到 2009 年 2 月才触及谷底，碳价格随着全球经济逐渐好转。

3. 全球碳金融市场规模呈现持续快速增长的态势

《京都议定书》的到期没有对国际碳市场造成太大影响，国际碳交易市场的交易规模不断扩大和市值不断增长。自 2004 年以来全球以二氧化碳排放权为标的的交易额获得 100 倍以上的增长，从最初的不到 10 亿美元达到 2010 年的 1000 亿美元以上的规模。

4. 碳金融衍生产品增长迅速

碳金融产品如雨后春笋般层出不穷，尤其是在现货、CDM 的二级市场上。目前国际碳市场常见的碳金融衍生产品主要有碳期货、碳期权以及碳掉期等，而碳期货则是碳期权交易合约的基础资产。

5. 全球碳金融市场的参与主体非常广泛

碳金融市场虽然成立较晚，但受到国际组织、各国政府和主导机构的广泛关注。世界银行设立了碳基金、多个国家建立了碳交易所，私营部门参与者也非常广泛，如金融机构、各类基金、中介机构、企业乃至个人等。由于参与群体广泛，涉及不同层面、不同国家、不同主体，参与主体的多元化和广泛性使得国际碳金融市场的规模快速扩大，这些市场是发展碳减排的中坚支撑力量，发挥了为全球绿色经济发展募集大量资本的作用，也为 CDM 项目发展提供了大力支持。

虽然碳金融市场发展获得了巨大进步，但快速发展必然伴随着多种问题，其中最大问题是尚未形成一个全球统一的国际碳金融交易平台，并且主要的碳市场都在发达国家，众多发展中国家在国际碳交易市场中仅占次要位置，而他们却是碳排放大国，这种情况不利碳减排行动的深化与发展。

二、我国碳交易市场的发展现状

（一）我国碳交易市场的发展现状

我国是世界上最大的 CER 生产国，我国的减碳行动受到国际的广泛关注，因为我国具有巨大的减排潜力。我国在国际碳市场中已经取得巨大成绩，在CDM 市场中，2008 年以 84% 的份远超过印度、巴西等国家和地区，以总量的绝对优势成为世界最大的 CER 生产国。对资料来源请加注释。

碳市场的建立与发展大大促进了我国的碳项目发展，2006 年起，我国CDM 项目数与核证减排量均实现爆炸式增长，这些项目和减排量意味着我国部分企业已经开始向低碳化生产转型。2008 年底，我国企业正在开发的 CDM项目数呈指数增长，比 2006 年增加了 11 倍。截至 2020 年 6 月底，我国签发的 CDM 项目数累计达到 835717761 个，这说明低碳化生产观念已经深入我国多个企业，项目数量占世界总量的 61.76%，这种绝对优势背后可以看到我国企业多年的高能耗、高排放生产方式也是企业所不愿看到的，借助国际碳市场获得转型也企望难得一遇的良机。从我国 CDM 项目的分布看，经济发展水平与 CDM 项目的数量呈负相关。人口多、经济发展水平或人均收入较低的地区开发的 CDM 项目最多，如内蒙古、云南、四川、甘肃；人均收入中等或中等偏上的省份开发的 CDM 项目相对较多，如山东、福建；而富裕省份的 CDM 项目相对比较少，如北京、上海。造成这种情况的主要原因是发达地区的技术水平相对较高，能源利用率较高，边际减排成本较大，同时由于生活状况好，改革与改变的动力不足。而经济较欠发达地区，改变现状的需要和动力足，为了经济增长政府和企业都在想方设法，不仅希望利用拥有丰富的风能、水能等自然资源，而且希望迅速改变相对落后的技术，以赶超发达地区，因此减排动力潜力很大。

我国虽然已经建立了 7 家碳交易市场，但碳市场仍处于起步阶段。我国经济发展令世界瞩目，这发展背后有着沉重的环境代价，因此拥有巨大的碳减排空间，存在巨大的交易潜力。而发达国家的减排空间小，且减排成本高，因此为了兑现其在《京都议定书》中的承诺，这些发达国家会向我国大量购买碳减排量完成其要求的额度，大约每年为 $2\times10^8t \sim 4\times10^8t$。我国北京、上海、天津、深圳、武汉等地虽已相继成立了碳交易所，但各家交易所交易总体仍较为清淡，成交量相对较小，并且交易主要集中在履约前一个月左右，近年来交易所若靠手续费支撑难以为继。除了上海环境能源交易所有微薄的盈利外，其他交易所全面亏损，这种状况不可长期为继，而且碳市场分割也不利于整体的发展，所以并购重组可能是更好的结果。究其原因，一是我国没有实行严格的减排政策，这样国内企业没有法定减排责任，内在驱动力不足，所以对碳交易的主动需求不大。市场需要不足，同时又分散在 7 个不同的交易所，不能构成规模效应，同时也不能构市场的影响力，自愿碳减排为我国碳交易所的主要业务，我国碳减排的宣传不足，许多企业没有认识到这个问题的重要性，而且交易不活跃，缺少获利空间，无论从投资角度、投机角度、还是减少成本角度都不具有太大的吸引力。市场的参与者几乎是在为企业树立公众形象，因此对交易所的利润贡献很小。同时缺少强制减排政策，企业减排的动力源于 CDM 项目，可以获得发达国家的资金，我国约 90% 的 CDM 项目却卖给外国买家，而很少企业会选择在国内碳交易所进行交易。二是配套制度和监督管理不完善。因为配额分配方案只是在试点，排放监测制度设计问题还不明确，没有监督就没有效率，制度不明确就会直接影响交易的进行。国际上早已出现碳期货，而我国目前只有碳现货交易，只有现货交易没有期货交易，不能进行套期保值，也没有套利空间，市场处于最低级状态，也缺少碳资产证券化的条件，对企业和金融机构的投资不利。

此外，我国碳金融交易市场中商业银行的参与度总体不高。任何金融市场都少不了商业银行的参与，发展碳交易市场当然离不开商业银行的资金支持，但我国碳市场中却缺少商业银行的参与，商业银行参与碳金融业务还处于探讨和认识阶段，过程中存在很多问题：一是碳金融业务尚属新生事物，商业银行对碳金融业务认识不足；二是面金融市场缺乏大型风险规避措施；三是碳金融产品与服务过于单一，缺少创新。在我国兴业银行首先提出绿色银行的理念，是参与碳金融业务的代表。2008 年 10 月 31 日，兴业银行成为中国首家赤道银行。赤道银行意味着在为项目贷款之前，这家银行要对项目可能产生的社会、环境影响进行综合评估。截至 2012 年 12 月，兴业银行绿色金融融资余额达 1126.09 亿元。兴业银行支持的项目可以实现在我国境内每年节约标准煤 2316.03×10^4t 年减排二氧化碳 6683.47×10^4t，年减排化学需氧量 88.65×10^4t 年减排氨氮 1.51×10^4t，年减排二氧化硫 4.36×10^4t，年减排氮氧化物 0.69×10^4t，年综合利用固体废弃物 1501.29×10^4t，年节水 25579.06×10^4t。

（二）我国碳金融交易机制面临的困境分析

1.碳项目交易费用高昂

目前 CDM 这种交易的特征是对企业社会责任心要求高项目还是我国碳交易市场的主体，技术复杂、建设周期长，相关核证成本高、周期长、程序复杂。企业为了顺利达成交易，往往在交易费用之外还要付出一系列的额外成本如信息成本、违约保证金等等。而我国碳交易市场成立时间短，市场成熟度低，相关配套制度建设有待完善，且受国内外政治经济环境影响较大。这种复杂的市场环境决定了我国碳交易市场风险性较强，这使得相关市场的交易成本要显著高于成熟市场，从而限制了以建立碳交易市场来达到通过市场机制优化碳减排资源配置的初始构想。

2.我国碳交易市场各自为战，缺乏统筹规划

目前我国已经成立了 7 个碳排放权交易试点，但其主要功能相互重叠。从整体看，2009 年哥本哈根会议后，由于我国在减排方面所具备的巨大潜力，国内已经先后成立了十余家环境权益交易所，均为基于 CDM 项目的碳排放权配额交易推介，而大多数交易都在场外通过协商方式进行。这导致了在试点交易所场内进行交易者寥寥无几，而试点之间交易品种互相重叠，交易双方往往要同时关注 7 个交易所的价格数据，互相对比之后方能做出决策，无形中增大了交易者的交易成本。而不同交易所间各自为政，相互竞争，在相关配套法律法规缺失、配套碳金融体系不完善、国家相关政策有待健全的情况下，这样不仅无法形成良性竞争机制，相反削弱了我国碳交易市场的影响力。而由于没有统一的碳交易市场，这就导致我国在国家碳交易市场上缺乏议价能力。

3.碳金融服务体系不完善

作为一个高度复杂的系统性工程，交易所仅是碳金融这个大系统中一项核心工程而已。碳金融是一种新型的创新性金融，涉及设计、论证、培训、宣传、实施、信用评估、质量鉴定、国际认证、运行过程中风险控制等多个环节。而对于 CDM 项目来说，不仅涉及跨境金融活动中的金融政策风险、国际政治经济形势影响，跨境交流障碍与文化差异等问题，相关的专业服务人才更是难得。目前国际 CDM 项目交易主要由一些大型的跨境银行集团来进行，这些银行具有雄厚的资本、丰富的跨境金融交易经验以及人才储备，因此能为相关企业提供专业的咨询服务。而中国的碳金融市场尚不成熟，相关行业准入机制尚未构建，专业人才更是奇缺，这使得我国的碳金融配套服务体系迟迟未能建立起来。

4.产业模式低级，缺乏定价能力

由于我国地理特征与能源发展结构不均衡，煤炭仍然是我国最主要的能量

来源。这种低热值、高污染、低能源利用率的能源结构虽然在一定程度上反映出了我国所具备的巨大能源潜力，但同时也导致我国在碳金融活动中主要依赖 CDM 项目，只能占据产业链的底端。目前我国已经是 CDM 项目的最大输出国，但却缺乏议价能力，而发达国家从我国以低廉的价格将 CER 产品收购后，又通过种种手段将其打包重新设计，通过复杂的碳金融衍生品形式将其出售。2008 年，宝钢公司向英国瑞碳公司出售的 CER 产品均价不足 100 元人民币 / 吨，而同年新疆及四川地区 CER 产品售价不足 50 元人民币 / 吨。但与此同时，世界银行与荷兰的碳交易价格已经达到了 23.15 欧元 / 吨。巨大的差价背后是我国碳金融产业的屏弱，由于我国不具有该专业信息优势，并且对国际规则和国际市场缺乏了解，以至于失去了相应的权重地位，不能在国际碳交易中掌握信息优势，缺乏议价能力，这种情况使得我国在整个碳交易产业链中只能处于最低端。

（三）我国碳金融市场交易体系构建的基本原则

1. 先政府引导，后市场主导

在碳金融市场中，政府的角色定位应是规划者、监督者、管理者和引导者，引导各级市场规范有序地发展。在碳排放权交易的初始阶段，政府首先要通过立法确定排放权的法律地位，并对排放权进行初始配额分配，成立政府引导的碳基金，吸引银行、投资公司等加入，以便帮助企业进一步提高在碳市场的获利能力。随着碳市场的逐渐成熟，政府应更多地引入市场机制，逐步由政府引导转向市场主导。以印度为例，与我国 CDM 项目都是"双边项目"不同，印度自 2005 年开始就采取了"单边碳项目策略"，由于印度政府对整体环境风险的计算和控制，以及印度现代化的金融体系，大量单边项目的累积并未加剧市场风险。相反，印度的金融机构、企业和大量民间组织介入项目并承担风险，把注册成功的 CDM 项目所产生的 CERs 存储起来，以供未来使用或者出售，并借此控制市场波动和降低减排成本。

2. 先区域试点，再在全国范围内推广

我国经济改革开放的成功经验表明，经济制度从无到有的建立，都是从小规模的试点开始的。这种政策指导模式也可以移植到碳金融交易市场的建设上来。我国区域性碳交易试点的根本任务是：一是试错，以较小的成本和代价发展问题，及时进行调整和修正；二是在实践中学习，为全国其他地区开展碳交易提供参考。2011 年 10 月，国家发改委下发的《关于开展碳排放权交易试点工作的通知》，批准北京、天津、上海、重庆、广东、湖北、深圳七省市为我国首批碳排放权交易试点城市。经过这些试点地区的先行先试，待获取成熟的

实践经验和交易技术之后，逐渐向全国范围辐射，进而形成全国性的减排市场。

3. 先实行自愿减排，后践行强制减排

从国际碳金融市场的发展历程来看，碳金融市场的最高形式是双强制，即强制加入、强制减排，如欧盟的 EU ETS；中间形式是单强制，即自愿加入、强制减排，如芝加哥气候交易所 CCX；最初级的形式是零强制，即自愿加入、自愿减排。我国实行碳减排，需要一个理念推广和条件逐渐成熟的过程。

自愿减排（Voluntary Emission Reduction VER）市场是伴随《京都协议书》中 CDM 机制的发展而形成的，部分 VERB 碳汇市场的运作和标准遵守 CER 市场规则，并按照联合国制定的 CDM 项目方法开发实施。一些符合 CDM 标准的项目，由于某些原因没有达到联合国气候变化委员会框架 CDM 执行委员会（EB）签发 CERs 的严格标准，可以考虑申报 VERs。自愿减排市场具有很大的灵活性，这是在没有既成交易规则的中国发展自愿减排市场的有利条件。因此，我国首先应依托各地交易所开展自愿交易试点，积累经验，并对参与主体实行补贴、税收优惠、保护性价格及低息贷款等以降低其交易成本。

在我国碳排放交易市场初具规模、市场化程度不断提高之后，可以实行会员制"单强制"，即"自愿加入，强制减排"，并逐渐向"双强制"过渡，先从区域范围内实行"强制加入、强制减排"，进行区域化的实验，积累实践经验，发展先进的减排技术，然后逐渐在全国范围内推广，循序渐进地形成以配额交易为主导的强制性排放权交易市场。

4. 先发展基础交易，后创新衍生产品

由于我国碳金融市场发展不够完善，风险管理水平和资源配置效率低下，加上当前国内碳交易试点刚刚起步，碳排放权登记注册系统正在建设，第三方核查机构需要时间培育和发展，在这种情况下，我国碳排放交易市场的发展，应当先以现货交易为基础，先发展基础产品。此外结合我国具体情况，可以考虑以发行"碳券"的方式为节能减排募集资金。"碳券"作为一种证券，一方面具有有价证券的属性，可享受节能收益；另一方面还具有标记"碳券"持有人在持券期间的节能投资所形成的碳减排量属性，即定期分配给"碳券"持有人的"碳证"。"碳券"的发行可为具有社会责任感的个人或企业提供给一个参与减排的方式。条件成熟后，可借鉴欧盟、美国等发达国家的成功经验，为满足市场参与者套期保值的需要，开发期货、期权、互换等金融衍生品。

5. 先立足国内市场，后参与国际市场

目前，我们必须先立足发展国内市场，首先应在区域示范的基础上，尽快建立一个全国性的排放权市场。与欧美国家的碳市场相比，我国目前分散而隔离的碳交易市场不论是规模上还是功能上都有很大差距。建立统一的碳交易市场，整合各种资源和信息，能够为买卖双方提供一个公平、公正、公开的对话机制，还能极大地增强我国在国际碳交易市场中的定价权。可以考虑，在现有的多家碳交易所的基础上，增加一个中央自动报价系统，将所有区域性交易合并为国家级碳排放权交易。此外，要鼓励更多的金融机构参与到碳交易市场中。近些年来，我国金融主体的资本实力、市场意识、经营管理水平、风险承受能力等方面都有了显著提高，且它们的参与能增加市场的流动性。同时，我们还要严格控制金融投机者的活动空间，避免市场的剧烈波动，因为我国的实体企业需要一个稳定的碳价格信号，它们在短期内还无法承受碳价格的剧烈波动，也没有能力管理碳资产。

在国内市场实现平稳、健康发展后，可择机建立与国际市场接轨的交易平台，将国内的碳减排项目拿到国际市场上去交易，与国际碳交易所建立连接，开发国际性的期货、期权交易，丰富我国碳金融产品的品种，增加碳市场的流动性，增强我国在国际碳金融市场中的竞争力。

（四）碳金融市场交易体系的总体框架

1. 交易主体的选择

现有的碳排放交易机制的交易主体差异很大，除 RGGI 只覆盖电力行业外，其他机制的交易主体都涉及多个行业，但各个机制的行业差别也很大，有的以工业行业为主，如 EUETS，WCI、澳大利亚，有的以建筑行业为主，如日本东京都。从理论上说，交易主体覆盖范围越广，边际减排成本的多样性也就越高，从而使减排成本更低，机制更有效。但是，现实情况下，即使全面覆盖也无法保证最有效的减排效果。而且，有些行业的排放量与排放总量相比非常小，如果将这些行业纳入交易体系，减排的收益可能远低于增加的管理成本。同时，管理者一般都会对纳入交易范围的企业设定准入门槛，要求企业的年排放量或年产能、耗能超过一定数值，如欧盟最初的 20MW 和第三阶段的 25000tCO2e，RGGI 要求火力发电设施超过 25MW 等。这样做的目的是将小型排放源排除在机制之外，从而简化机制。EU ETS 在第一阶段只针对超过 20MW 的火力发电厂、炼油厂、有色金属生产加工行业、建材行业以及造纸业；第二阶段 2012 年开始增加航空业；第三阶段扩展至化工、制氨、硝酸与乙醛酸生产以及电解铝行业。并且第三阶段将把连续三年排放量不足 25000 吨的企业排除在外，这一举措大约涉及 4200 家企业，但这些企业的排放总量仅占交易机制总量的 0.7% 左右。

总体来说，交易主体的选择应该坚持抓大放小的原则，以碳排放量划定范围，同时要考虑数据的可得性。电力行业与其他行业相比就有较好的数据基础，利于碳盘查。建筑业和交通业实施碳交易比较复杂，因此在试点阶段先不纳入交易体系。目前各试点地区都根据自身发展的实际情况和经济发展目标选择碳排放交易覆盖的主体范围。在试点期间，交易的气体主要还是以二氧化碳为主。部分经国家核证的基于项目的温室气体减排量可作为补充，纳入交易体系。

2. 关于总量控制

（1）总量控制与基准信用

总量控制和基准信用都是强制性减排体系可以选择的机制，是建立碳交易体系的前提。总量控制越严格，碳的稀缺性越高，碳价格越高，减排的经济动力越大，减排幅度越大，但导致减排的成本也就越高。从我国的实践来看，碳的稀缺性、减排数量和碳的流动性、碳交易体系的活跃度存在倒 U 形关系。当控制数量过低时，碳的稀缺性不足，需求就会不足，碳交易活跃度很低；当控制数量过高，碳的稀缺性过高，减排成本上升，而且交易者对碳价格的判断过于一致，流动性会明显下降。

对于基准减排，设定的基准越高，碳的稀缺性就越高。由于欧盟排放交易体系覆盖的行业较多，而基准减排对不同行业很难执行同一个技术标准，这样给交易体系的履行、核实、报告、追踪都带来了巨大的工作量，因此基准减排在欧盟减排交易体系中未被采用。可以说，基准减排对多行业减排适用度偏低。根据欧盟和澳大利亚的经验，基准减排对电力行业来说较适用。澳大利亚的新南威尔士温室气体减排计划就是一个基准减排计划。但是，即使对单一电力行业来说，基准减排计划以单一标准要求企业，使得企业不能选择其他更经济的减排方式。

在总量控制和基准信用之间，我国碳排放体系应当选择总量控制机制。从国际实践经验来看，绝大部分国家和地区均选择总量控制型。因为总量控制机制设计相对简单，实现环境目标较为有效；其次，总量控制型交易体系易于形成规模化、规范化和金融化的碳市场。作为全球最大、最完善的总量控制型碳市场——欧盟碳排放市场，相较于采取基准信用型的澳大利亚新南威尔士温室气体减排计划来说，前者的交易活跃程度、交易量与金融化程度均远高于后者。笔者认为这与欧盟碳市场采取总量控制型交易机制而新南威尔士采取基准信用型交易机制有很大关系。

（2）总量设置的基本方法

严格来说，总量设置是一个经济决定，需要考虑本国（地区）经济社会发展程度、行业竞争力与企业承受能力，衡量本国（地区）经济和企业为不同总量目标付出的代价，并以该代价可以承受为准则。但总量设置更是一个政治决定，首先，它取决于减排温室气体的政治意愿是否强烈。如果政治意愿较为强烈，无论这个意愿是来自于本国（地区）公民较高的全球责任感还是企业赚取利润的要求，则总量设置相对较严格。其次，它取决于政策决策者如何预测实施碳排放交易对本地区具有重大战略意义事项的影响程度。如果决策者对这些风险的预测较高，则总量设置会相对宽松。因此，政治性因素对于总量设置更具有主导作用。

总量设置的基本方法有两种：第一种是根据本国（地区）所承担的国际减排义务来设置总量。最典型的例子是欧盟排放交易体系。在设置总量时，欧盟一方面考虑到《京都协议书》的减排承诺，另外，即便《京都协议书》无法生效，欧盟也希望通过提高减排目标来推升碳价格，以鼓励企业在低碳技术方面进行投资，因此，欧盟第二阶段的减排目标是在 2005 年的基础上各国平均减排 6.5%。第二种是根据本国（地区）的经济发展水平、减排成本、企业竞争力等，综合衡量开展总量控制的成本和收益，特别是对不同的总量水平上带来的不同减排成本进行衡量，然后做出政策性选择。比如，欧盟在设定第三阶段（2013-2020 年）的减排目标时，提出在 1990 年的基础上减排 20%-30% 的总量目标。2010 年 11 月底，欧盟负责气候事务的委员表示，由于经济危机的影响，到 2020 年，欧盟实现减排 20% 的成本比原来预想的低，为每年 480 亿欧元，而两年前预计的数目为 700 亿欧元；如果将减排目标提高到 30%，每年的开支则在 810 亿欧元，仅比此前估计的减排 20% 的成本多出 110 亿欧元。因此，如果提高减排目标，成本并不会增加太多，这反映出欧盟在选择 20%-30% 作为总量目标时充分考虑和分析了欧盟在不同总量水平时的成本代价。

（3）我国总量设置的方法

由于我国目前暂不承担国际减排义务，因此无法确定一个绝对总量。我们可以考虑通过设置基准年限，将减排对象的排放额划分为增量与存量两个部分。存量部分是基准年限前现有设施产生的碳排放量，对于存量部分设置绝对总量控制目标；增量部分是基准年限后新建设施产生的碳排放量，对于增量部分采取基准信用方法，基准信用可以是单位碳排放强度标准，也可以是新型技术标准，凡达不到基准信用标准要求的不予批准建设，超过基准信用标准产生的额外碳减排量，可经第三方独立核证机构核证后由管制机构发放相当于配额的碳信用额度，用于碳市场交易。再设定一段特定年限，在此年限后，增量部分转化为存量，接收总量控制，纳入区域性碳排放体系管制。这样就可以解决没有总量就无法交易的难题，同时通过增量部分，为接受管制的地区能源增长及碳排放增长预留了发展空间。

在划分增量与存量的基础上，对于存量部分的总量设置，可参考总量设置的两种基本方法，一方面结合我国自愿减排的目标，另一方面对开展碳排放交易体系的地区的经济发展水平、企业竞争力与承受度以及不同总量水平下的减排成本进行综合考虑，以此确定合适的总量目标。

3. 配额分配制度

（1）配额分配的基本原则

配额分配的基本原则是配额分配所要遵循的基本准则，具有更高层次的经济或政策意义。加州空气资源委员会的市场顾问委员会为加州 AB32 提出了如下分配原则：减少碳交易体系对消费者，特别是低收入消费者的成本；避免可能出现的"意外利润"（Windfall Profits）；促进低碳技术和燃料的投资（包括能源效率）；保证市场流动性。

由著名企业和非政府组织组成的美国气候行动伙伴（USCP）认为配额分配应当寻求减少经济实体和所在地区经济转型的成本，特别是那些受温室气体排放限值负面影响很大的经济实体和地区，或者已经在高成本、低碳排放技术方面大量投资的经济实体和地区。

（2）配额分配的基本方法

配额分配的基本方法有免费分配和拍卖两种，基准年限的选取可以分为三种：单个年份、多年平均值和一段时间的最大值。不同基准方法和基准年限组合，可以产生多种不同的免费分配方法。拍卖的方法有：暗标拍卖（Sealed-Bid Auctions）和升标拍卖（Ascending-Bid Auctions）。暗标拍卖根据投标者允许提供的标价数目不同而有区别。在一级价格暗标拍卖中，投标者提交单一定价，在这种情况下，投标者无法调整自己的标价，因为他们无法看到其他投标者的价格。因此，不能通过相对价格与其他投标者竞争。二级价格拍卖也称为维克瑞拍卖（Vickrey Auction）与一级价格拍卖运作相同，但最后的拍卖价格是投标者提交的第二高价格。这种拍卖方法可以体现投标者对于拍卖物品的真实价格评估，排除了标价低于真实评估价的可能，因为根据真实需求曲线投标是主导策略。不足是没有数轮投标的情况下，如果投标者不确信他们自己的评估，这种投标方式无法实现价格发现的功能。升标拍卖又分为公开升标拍卖（英式拍卖）、升标钟式拍卖（英式钟式拍卖）、限时拍卖。其中，公开升标拍卖是现代最常用的拍卖方式。

在理论上经济学家大多倾向于用公开拍卖的方式分配配额，因为此种方式透明、公平，体现了"污染者付费"的基本原则，给予所有企业获得排放权的机会，不易滋生权力寻租。但这种方式也增加了企业的直接支出，容易引起企业抵触或迁移出管辖区。免费分配方式简单、可操作性较强，但是违反了"污染者付费"的原则，容易使管制对象获得"意外利润"（Windfall Profits）。

（3）我国配额分配应采用的方法

在配额分配之前，首要任务是先进行碳盘查。碳盘查，顾名思义，就是摸清各企业的碳排放"家底"，包括企业的碳排放情况、如何进行测算、如何进行实时监控统计以及将来发放配额以后如何进行追踪等，这些都是碳盘查需要解决的问题。碳盘查需要开发专门的软件，并参照相关标准，如 ISO14064-1，IPCC2006，以及排放因子的确定。现在我国已经有专门为企业提供碳盘查服务的公司。除美国区域温室气体行动采取几乎 100% 拍卖的方式分配配额外，其他国际碳排放交易体系基本采用免费分配的方法。笔者认为，我国配额初始分配的方法也应当采纳国际通行做法，采用免费分配的方法，采用该方法有以下优势：

第一，免费分配是最简单的配额分配方式。减排企业相对不那么排斥，具有更大的可行性，还有利于碳排放交易体系的迅速实施。欧盟排放交易体系数据工作只用了半年时间，排放数据基本上企业自我申报完成。这在很大程度上是基于免费分配的分配方式，企业出于自利动机，保证了数据的基本真实有效。在一些文献中所认为的拍卖方式的优点，存在低估全面拍卖分配许可对现有电力生产模式的过度干扰及其产生的负面作用问题。特别是，对于我国电力行业普遍处于高扩张期，负债偏高，拍卖许可的负面作用更大。免费分配方式存在分配不公问题以及污染者受益的情况，但是产权理论证明，初次分配的合理与否并不关键，因为通过交易，市场出清，最终可以实现产权的明晰和价格的合理。可以说，在相当长的时期内，更实际可用的排放分配制度还是免费分配制。

第二，免费分配是对开展碳排放交易区域行业及企业的间接补贴。在第一阶段，欧盟每年的配额分配总量约为 20.29 亿份。超过 99% 的配额都是以 EU ETS 无偿方式分配给包括水泥和石灰、钢铁、电力和供热、造纸、石油精炼以及其他行业的企业。在第二阶段的前三年里（2008-2010），EU ETS 每年的配额分配总量约为 20.97 亿份，其中绝大部分也是以无偿方式非配了更为广泛的欧盟被管制行业。从欧盟以外国家的角度来看，如此巨额价值的配额免费发放给欧盟能源密集型行业，实际 _L 是对这些行业的变相补贴，减排成本低的企业完全可以利用这些巨额价值的配额筹集企业投资、技术开发及设备更新所需的资金，强化了欧盟在低碳技术以及国际竞争力，这对欧盟以外的企业是不公平的。即便从 2013 年起，欧盟将大幅提高配额拍卖的比例，但是要实现完全拍卖也要到 2027 年。这将加剧和延长对欧盟外企业竞争的不公平性。

我国是一个钢铁、水泥生产和出口的大国，同时也是低碳技术需求大国。欧盟排放交易体系产生的竞争不公平性对我国企业的潜在影响是巨大的。我国可尽快开展与欧盟排放体系类似的碳排放交易体系，通过该体系为我国企业开发和应用低碳技术提供有力的资金筹集渠道，增强我国低碳技术开发与投资企业的国际竞争力，促进我国经济结构向低碳转型。上海在交易试点期间，实行碳排放初始配额免费发放，配额制定则以企业历史二氧化碳排放量为基数，适度考虑增长空间。

此外，配额分配的另一个重要问题是对新增投资配额如何分配的问题。欧盟排放权交易体系中基本上是对新增投资免费发放排放额度的。如果新增企业必须购买配额以进入市场，那么存在现有企业可以利用配额的储存，构筑壁垒，阻挡新企业进入。配额可能成为垄断的一个工具。这个问题对于我国建立碳排放体系尤为重要，特别是对电力行业。因为我国现阶段对电力需求的保持较快增长。如果不对新增投资免费发放配额，碳的稀缺性就会过高，会直接降低碳的流动性，不利于碳市场的健康运转，甚至不能形成碳价。我国经济现阶段要求对新增投资免费发放配额，才可以保证交易体系的流动性。这个特征，也反证了对原有生产能力也应免费发放配额。

4.MRV（测量、报告、核查）体系的构建

交易的监管和核证制度要求碳排放数据真实、可靠和高效，也是一切碳排放交易体系得以开展的数据基础。目前，我国企业因为在发展程度、管理意识与管理水平等方面的不足，所以对于基础数据的收集、整理与保存不够重视，数据的失真率较高。另外，无论是从软件基础还是硬件设施方面，我国符合国际标准的 MRV 体系都尚不完备。关于 MRV 的方法和标准的问题，七个碳排放交易试点省市目前各自为政，有的开发自己的 MRV 指南，有的参照欧盟指南，有的参照世界资源研究所，用的方法和标准不一样，产生的配额也不一样，对于将来无论是 7 个试点之间的交易，以及全国性碳市场的形成，都会带来难以解决的问题。

因此，我国 MRV 体系的构建需要完成以下任务：第一，开发统一的电子报告、在线监测、报告与核证系统。第二，企业制定监测计划。包括排放设施的基本情况、机制的责任条款、排放源情况及监测方法、燃料类型、数量与物料流、检测设备及符合监测要求的证明、抽样及分析程序、连续排放监测系统情况等。监测计划必须获得管制机构的书面批准。第三，管制机构开发监测计划的范本，并提供给企业。第四，企业在线与电子报告的报送与管制机制在线核证。第五，第三方独立核证机构的培育、认可与参与规则。需要特别指出的是认证机构的职业水准和道德规范也是碳排放交易体系成功与否的重要因素。CDM 机制对 DOE 的认可非常严格，造成 DOE 数量较小，虽然造成工作量大、项目积累的问题，但是确实保证了检测报告认证的科学性和规范性。而我国证券市场上审计机构过多，由此带来的过度竞争导致审计造假情形时有出现。因此，在我国碳排放交易体系中，合格的认证机构的数量必须严格控制。一旦发现舞弊寻租事件，必须严肃处置。目前，国家发改委已经开始组织研究温室气

体核算方法指南以及报告格式，MRV 的问题将先从电力、钢铁、水泥和平板玻璃、化工、有色金属、航空六个重点行业开始做起。

5. 交易机制的完善

（1）配额跟踪系统

配额跟踪系统是指对配额从分配、注册、登记到转让、注销进行密切跟踪记录的系统，它对碳排放交易的开展具有重要的作用。配额跟踪系统应当包括以下内容：①账户的开立。账户可分为一般账户和履约账户。一般账户是针对非管制对象开设的账户，如市场交易商、其他机构或组织及个人等。履约账户是管制对象的账户。②账户的管理与权限。可引入账户授权代表责任制度，实现账户管理的高效化。③配额分配、注册与登记。④配额履约提交与注销。⑤配额转让申请、提交、转移、扣减与增加。⑥账户所有者账户内任何配额发生变动的通知与记录保存。⑦操作错误的处理。⑧账户的关闭。

（2）交易平台

碳排放交易体系与其他商品一样，也分为一级市场和二级市场。碳金融的一级市场相较于一般的金融市场而言，其市场更加透明。比如，欧盟排放交易体系的配额分配、排放企业排放数据的申报、配额的注册、登记和转让、注销等具体数字都可以查阅到。这样公众也可以参与监督，也是碳市场自我监督的重要组成部分。碳金融的二级市场也可分为柜台交易（场外市场）和场内市场（交易所交易）。碳排放交易所不仅可以开展碳现货交易还可以开展碳衍生品交易包括期货、期权交易。活跃的碳交易，特别是碳期货交易，为碳的可报告、可核实、可测量提供了一个显示化的机制。减排的真实与否，直接影响了碳的价格，而在碳的期货市场中，信息快速传递，对虚假减排行为是一个重要的掣肘。因此，建立一个活跃的碳交易体系，本身就自然实现了减排的可测量、可报告、可核实。这和一般商品期货市场中交割仓单的质量和数量变化的准确度，均高于一般管理的仓储企业是一个道理。碳排放交易的衍生化，基本不存在任何技术性的困难，因为碳是人为创造出来的虚拟性商品，标准化是其诞生之时就具备的特点，这和普通商品具有产地和质量方面的差异有所不同。

我国应着重解决好各地环境交易所相互割据的局面，建立全国统一的碳交易平台，这样有利于：扩大配额市场的容量和参与主体，提高市场的流动性，降低管制对象的履约成本；减少排放转移现象的发生，防止出现碳排放总量的双重计算和碳抵消项目的双重分配等；统一履约期间、配额分配、碳抵消项目的认可标准和程序，提高交易体系的运行效率；加强对碳市场的监管，对市场的波动及时做出反应。同时，为促进碳金融市场的流动性，初期应开放场外交易市场。

6.灵活履约机制的构建

灵活履约机制，也称柔性机制，是指在不影响排放交易体系目标实现的前提下，为增强管制对象履约能力，降低履约成本以及对区域经济的潜在影响而设计的灵活履约机制。主要包括时效性柔性机制、条件性柔性机制和碳抵消机制。履约期、储备（Banking）和借贷（Borrowing）均属于时效性柔性机制。履约期是指减排企业必须提交等额配额以抵消自己实际产生的碳排放量期间，履约期通常为一年。配额储备指允许本年度节余的配额跨期使用，而不是自动失效。配额储备制度不仅可以防止配额价格的剧烈波动，而且还可以激励企业最大限度地减排。配额借贷是指减排企业从未来年份借入配额以履行本履约期的减排责任。目前允许配额借贷的只有美国中西部温室气体减排协议，但是对配额借贷的条件做了严格的限制，包括允许借贷的条件、借贷的比例、配额的有效期以及借贷后偿还的条件等。条件性柔性机制是指在特定条件满足的情况下触发的机制。最典型的就是美国区域温室气体减排(RGGI)体系中的"安全阀"机制。它规定当配额价格在连续一段时间内超过设定的初始安全值时，就会触发"安全阀"机制。在该机制下，减排企业的履约期由三年延长至四年，并同时提高来自碳抵消项目产生的碳信用额度履约比例,从原来的 3.3% 提高到 5%，最高可提升为 10%，碳抵消机制指允许减排企业使用除配额以外其他碳信用额度抵消自身产生的碳排放量的机制。

由于我国尚没有排放权交易的经验，灵活履约机制的设置非常有必要。配额借贷的风险较大，我国可以暂时不采用。配额储备和碳抵消机制基本已成为各国碳排放权交易体系不可或缺的组成部分，我国也可以采用。安全阀机制应对价格波动的形式较为灵活，可以根据我国碳交易市场的具体情况灵活设置触发条件。建立碳抵消机制可以实现更经济的减排，这一点已经为欧盟排放交易体系所证明。正因为欧盟允许 CERs 作为欧盟排放交易体系的抵消机制，欧盟企业的减排成本大大降低。此外，碳抵消机制的建立有助于提高碳排放交易体系的流动性，扩大其影响力，促进本国碳交易的发展，实现碳排放交易体系的平衡，有助于增强政府对碳排放体系的调控。我国设置碳抵消机制十分必要。对于碳抵消项目类型，建议选取社会和经济效益较为突出的项目类型，比如基于可再生能源投资和发展在未来国家能源战略中具有重要地位，可将可再生能源项目产生的碳减排信用额度纳入碳抵消机制。另外，从保护城市生态环境的角度出发，可将城市废弃物发电、机动车排污等项目纳入碳抵消机制。至于碳抵消项目在履约中的比例限制，可根据我国能源需求不断增长的态势和核心减排区碳的稀缺程度，适当放宽，以防止流动性的降低。关于碳抵消项目的管理，应严格按照国际通行标准，严格项目申请、注册、核证、签发、分配等规则和程序，保证碳抵消项目的真实性、额外性、永久性和可靠性。

（五）我国碳金融市场的定价机制设计

价格，无疑是一个市场体系最关键的要素，碳的价格不仅反映减排成本、调节碳配额或信用的供求关系的重要工具，而且一个清晰的碳价格信号更加能够促使企业自发采取减排行为，使社会整体减排成本效率最优化。

目前，我国作为 CERs 一级市场上的最大供应方，却要遵循欧盟排放交易体系的定价机制，只能充当"卖炭翁"的角色。巨大的差价本来应归中国企业所有，却为国际碳买家带来巨额的经济效益。因此，我国要争夺碳排放权市场的国际定价权，首先要争夺 CERs 的定价权，研究和建设 CERs 的一级市场和二级市场的交易机制。

1. 政府调控机制设计

因此，在我国的碳交易市场中，对碳定价需要先对管制行业与区域的边际减排成本有一个清楚的了解。如果碳的价格远高于平均减排成本，那对碳的需求就会减少；如果定得太低，也完不成设定的减排目标。与一般商品不同的是，碳配额这种产品以及对它的供给和需求实际上都是制度和政策创造出来的，因此，政府机构调控起来有多种渠道，也较为容易。

从国际经验来看，碳价主要由市场供求关系来决定，但监管机构为了防止碳价的剧烈波动，特别是碳价的上升给减排企业带来的过高的减排成本压力，往往会采取一些调控手段。如美国区域温室气体计划（RGGI）的安全阀机制，一旦配额价格超过 7 美元，RGGI 将扩大碳抵消信用比例，从而增加配额的供给量以稳定碳价。政府干预碳金融市场的方式主要有三种：第一，以管制形式直接确定碳价；第二，以设定底价或价格下限的形式，确定碳价波动区间；第三，通过设计交易机制调节碳市场配额的供需形势，从而对碳价施加影响。笔者认为碳价的确定与价格发现应当交由市场来完成，政府可以对碳价起指导作用。通过交易机制的设计，可以采取如扩大减排覆盖的区域和行业、强化配额总量设定、涉及配额储备机制、对新增投资和扩建项目要求购买配额等措施来增加市场对配额的需求；采取如扩大减排覆盖的区域和行业、降低配额总量设定、对新建项目免费发放配额、交易市场的衍生化、允许配额跨期使用、允许使用减排信用抵消等措施增加市场配额的供给。

2. 价格有效性问题

碳的价格真正发挥作用，意味着价格所代表的碳金融市场应该是有效的。在市场有效性理论中，市场的有效性分为外部有效和内部有效。市场的外部有效性是指定价的有效性，它反映资源配置的合理性，是一个制度配置问题，一个有效的碳金融市场形成的价值中枢应该等于最小化的社会边际成本。而市场的内部有效性指的是以最小的交易成本在最短的时间内达成交易，反映了市场的功能效率和服务机能，是一个技术性配置问题。对于碳排放交易体系而言，总量控制的制度有效是实施的基础，而其他交易体系内部的细节设计，构成了市场的参与基础，支撑着市场的流动性。在机制设计中有两个核心思想：信息、效率和激励相容。激励相容就是机制不要假定利益相关人会按照社会目标行动，而是要通过机制设计，使得利益相关人按照自利的理性行动却能达到个人目标的结果和社会目标相容。机制的任何均衡结果都可以通过一个显示性的激励相容机制来表现，这也称为显示性原理。中国二氧化硫排放交易实践出现的问题，根源就在于人为地假定了管理机构的减排倾向，也假定了企业参与减排交易的倾向。

政府在排放权交易体系中的角色定位不仅仅是一个纯粹的管理者，各级地方政府要摒弃唯 GDP 论的政绩观，要把环境保护纳入官员政绩考核当中，建立绿色 GDP 考核标准。根据赫尔维茨的"激励相容"理论，机制设计应达到个体出于自利目的行动的结果和社会目标相一致。因此碳定价的有效性设计应考虑到企业和地方政府的自主选择博弈。如果碳的价格超过履约成本以及企业可以接受的程度，企业可能选择异地迁移；特别是在碳定价政策只在部分区域开展时，这个因素尤为重要。而企业行为对于地方政府执行政策的积极性有重大影响，如果由于过高的碳价导致企业选择迁移到减排政策区域之外的地区，那么无疑会影响到地方政府经济发展的绩效表现。对于企业对碳价格的接受程度应考虑以下因素的影响：企业在本地的利润、企业留在本地需承担的减排成本、企业的迁移成本、企业迁移后的利润、企业留在本地应用减排技术的先行者优势、企业迁移后应用原有技术面临的未来管制风险、企业迁移后的辅助性收益、企业减排区生产的辅助性收益。

（六）我国碳金融市场交易体系的具体实施步骤

1. 初始阶段以自愿减排为主

目前，我国的政策环境并不适合立即采取限额交易，"渐进式"的改革模式更适合中国碳排放交易市场的建立与发展，因此，在碳金融市场发展的初级阶段，应以自愿减排为主。自愿减排市场的建立也不是一蹴而就的，目前我国相关部门对于各区域乃至全国的温室气体排放总量的确定，如何实现"碳强度"与"总量控制"对接等问题需要进一步研究和论证。而且，大部分企业对碳金融交易的内容、程序等还缺乏透彻的了解，进入交易市场还有一定的难度。因此，在过渡期间，我们一方面要保证 CDM 的平稳过渡，另一方面，要积极探索自愿减排市场的发展模式。2011年6月21日，国家发改委颁布了《温室气体自愿减排交易管理暂行办法》，以推动国内自愿减排交易活动的有序开展。该《办法》出台不久，上海环境能源交易所与零碳中心合作完成了国内一首笔一单碳交易。在过渡期，要实行双轨制，即CDM机制与自愿减排机制VER并存。主要以场外交易为主，各地的环境交易所发挥中介或结算功能，并逐渐进入场内。并出台相关政策吸引国际化的碳经纪商、DOE，碳基金和碳信用评级机构在我国开展业务。

2.过渡阶段自愿减排与强制减排结合

在全球进入"后京都时代"，伴随着《京都协议书》第二承诺期的实施，我国要在初期的发展基础上，进行区域性示范、行业试点，推进国内自愿减排市场由"自愿加入、自愿减排"向"自愿加入、强制减排"过渡。这一时期，我国要积极适应国际框架下的减排机制，保持我国在碳金融市场上的卖方地位，在不承诺减排义务的假设下，尽可能地吸引碳减排项目的国外买方，大力支持相关企业加入碳交易市场。这一时期仍实行CDM机制与VER机制并行的双轨制，一方面提高我国的碳减排信用在国际市场上的竞争力，另一方面，以北京、上海、天津三大环境交易所为交易平台辐射周边区域，并依托天津环境交易所形成的"自愿减排联盟"，示范"自愿加入，强制减排"机制，探索如何运用经济、法律手段激励企业加入减排联盟。

3.成熟阶段实行基于国际框架下的强制减排

据碳点（Point Carbon）咨询公司预测，发展中国家很有可能在2023年之前承担减排。那时，国际碳金融市场将存在更大的不确定性，因此，培育国内框架下的强制减排市场，规避全球碳金融市场的风险有重要的战略意义。我国可以先将高能耗、高排放的行业企业纳入"部分强制加入、强制减排"，逐渐过渡到"强制加入、强制减排"，并通过减税、贴息、奖励等方式鼓励企业对节能减排措施投资。同时，建立全国性的碳交易平台，依托北京、上海金融中心的优势打造国际性碳交易所，致力于发展为全球碳资产管理中心、碳金融信息中心和碳金融创新中心，并开发碳期货、期权、互换等衍生品，发挥期货市场对碳价格的发现功能。在制度建设方面，应着重完善与各个层次国际碳交易体系的衔接，不断完善碳金融制度规范和交易细则，形成全方位的碳金融政策体系、多层次的碳金融市场体系和立体化的碳金融服务体系。

三、碳金融市场的风险结构分析

碳金融市场是一个新兴的发展尚未成熟的市场，碳金融产品的设计上也存在许多不尽完美之处，碳金融体系存在严重的市场和区域分割，碳市场本身是构建于政策基础上，对政府管制呈现高度依赖的特征，这些使得碳金融产品市场有其独特的风险特征，而这些风险特征作用碳市场和碳金融产品价格上，呈现出价格频繁剧烈波动的特点，波动中隐含巨大的不确定性，甚至严重的损失。

（一）不确定政策风险

有效市场假说认为，任何金融市场的终极趋势都将是成为强有效市场。通常人们对市场成熟程度的考察是基于此种理论，即一个成熟的市场应尽可能地接近有效市场。实际上碳金融市场具有一般金融市场的风险特点，但其与其他金融市场不同之处在于碳金融市场属于完全的政策性市场，其构建之初便本着通过政策导向手段"运用市场机制解决气候变化问题"。因此碳金融市场对政策的依存度要显著高于其他金融市场，因为它并非供需双方自发形成的市场，碳金融市场的供需本身是由《京都议定书》在控制温室气体排放的目标下所强行创造出来的。因此，碳金融产品是具有高度的政策依赖性，特别是对于项目开发而言，国际碳会谈多次不能达成共识，这对未来国际减排合作的前景蒙上了一层阴影，投资者在不能确定长期减排前景的情况下，而大型碳项目的回收期却往往长达 20 年左右。长期政策不确定性加大了碳金融市场的投资风险，从而使世界各国的投资者都采取了观察再行动，再观察研究再行动的策略，明显阻碍了新项目开发的积极性。此外，政策性的配额分配计划可能由于履约条件和政府态度的变化而变化，存在很大的不确定性。一方面配额分配计划呈阶段性披露，另一方面配额分配总额与各方在谈判中承诺中的减排量密切相关，而谈判没有确定的结果。因此，配额分配过程中存在较大变数，也带来了相应的市场风险；最后，碳金融市场涉足的区域与行业呈现出不断地扩张性，这种扩张性会使碳市场结构随着时间的推移不断更新和变化，市场需求结构运行特点也会随之变化，这令市场参与者的经验的有效性大打折扣。碳金融产品本身是政策的产物，因此其政策性风险远高于其他金融产品，这是碳金融产品价格跳跃性的重要原因。如果说股票价格变动的急速性和突发性长期投资人难以把握，那么碳金融市场更是难以达成共识，碳金融市场存在着国际间排放权政府分配无法逆转等情况，这种不确定性因素诱发的风险远大于股票市场，而且难以发生根本性的改变。

（二）流动性风险

碳金融市场起步时间短，市场存在着各种不确定性，与传统金融产品市场相比，碳金融产品市场流动性风险较大，主要原因在于以下三个方面：1. 缺乏统一的市场体系。目前国际碳交易体系主要依托于《京都议定书》来进行构建，但目前为止，尚未有一个全球统一的碳交易市场出现。而各国的碳金融市场其政策标准、价格水平均存在较大差异，这些差异导致了在交易过程中交易双方需要付出巨大的交易成本。而不同的交易体系还创造出了不同的交易产品，彼此间无法直接交易，互换困难，缺乏标准统一的计量体系。如欧盟的EU-ETS体系创造出EUA产品与JI市场创造出的ER产品等等。这种封闭性的市场可以直接导致失灵现象。2.由于标准、目标或政策存在断续的情况，导致同一市场在发展的不同阶段产生流动性问题，最直接的表现就是欧盟禁止阶段性配额交易政策曾经导致配额价格大跳水。3.同一时期同一体系内部的碳金融产品间仍然存在行业、种类等的差异。流动性风险的存在是碳金融产品发展的初级阶段必然有的现象。这种情况降低了碳金融产品价格传递作用。碳产品的阶段性特征也令流动性风险加剧。碳市场并没有像普通金融商品那样具有连续性，而是具有生命周期性。表现为在阶段末排放权价格的持续低迷，而在阶段初价格走高的现象。因此，流动性风险使得价格表像对投资者投资策略误导，并可能引发严重的投资风险。

（三）政治风险

由于碳金融产品属于政策产物，而且需要以国际合作为背景，从而存在着各种与政治性和阴谋性相关的猜疑。少数派人士实证分析的方法用图表和数据证明不存在温室效应。澳大利亚学者普利安认为地球温度变量并不是人类活动的结果，而温室效应的罪魁祸首是水蒸气；另一些学者则认为温室效应这个问题的提出不是基于事实，而基于一场阴谋，是发达国家为了限制发展中国家的发展而策划的，这些发达国家想成为新领域规矩的制定者。两种学说之间的激烈争锋引发了政策面的巨大风险，许多政治家也声称整个减排体系就是一个巨大的阴谋，尤其是2009年"气候门"事件一度造成了碳金融产品价格的剧烈波动，它被视为发达国家利用自己在环保与金融等领域中的优势对发展中国家进行的又一轮剥削。

四、我国碳金融市场的风险分析

碳金融属于金融市场上的新兴事物，本质上来说算是金融创新，然而有创新就有风险，特别是对于刚起步的碳金融市场来说，碳金融风险更是无处不在。因此，分析碳金融风险的度量方法对于有效防控该风险具有重要意义，下面就从项目风险、政策风险、经济风险、市场风险、信用风险等几个方面来分析碳金融风险的特殊性。

（一）碳金融项目风险

　　1.碳金融项目风险内容和特征

　　《京都议定书》上确定了各个国家参与碳金融的三种方式：联合履约机制（JI）、排放贸易机制（ET）和清洁发展机制（CDM）。由于我国参与减排的方式主要是CDM，因此在碳金融项目风险研究方面主要以CDM机制为来介绍。一般来说，CDM项目从开始准备到最终获得经核证的减排量，需要经历很漫长的阶段，过程也很复杂，从项目的识别、设计，到国家发改委审批、项目审定、注册，再到减排量的核证和核证减排量的签发，至少需要一年时间。在这个漫长的阶段中，每一个环节都可能影响到CDM项目的签发，都是潜在的风险因素。CDM项目风险存在于项目投资前期、投资建设期和生产运行期，与此同时也受到相关政策的影响，其中项目投资建设期和生产运行期的风险是CDM的主要风险。

　　从整个项目的风险构成中可以看出，碳金融项目风险是具有客观性的，即客观存在于每个阶段中，也具有偶然性，这也是风险的一般特征。除了这两个之外，碳金融项目风险还具备以下三个特征：首先是规律性，即通过利用大量的风险资料进行整理分析，可以发现其潜在的规律，然后有针对性地进行风险管理控制；其次是多样性，即造成碳金融风险的因素很多，存在于项目周期的每个阶段；最后是重叠性，即碳金融项目风险不单单只包含单纯的项目风险，还掺杂着政策风险和法律风险、市场风险等因素，各个风险层层叠加。

　　2.碳金融项目风险的度量

　　常用的项目风险度量方法有损失期望值法、模拟仿真法和专家决策法三种，碳金融项目风险也可以用这三种方法来度量。损失期望法的计算公式：损失（或收益）期望值二项目风险概率X项目损失（或收益），这种方法首先需要根据经验分析和历史数据估计碳金融项目的风险发生概率和可能带来的损失或收益，然后计算出损失（或收益）期望值，根据这个值来估计度量项目风险。

　　模拟仿真法一般使用蒙特卡洛模拟法或三角模拟分析法两种方法对项目风险进行度量，模拟仿真法可以用来度量可量化的项目风险，主要是通过改变参数多次模拟项目风险，这样就可以得到利用模拟仿真计算的结果，并把这个结果作为度量项目风险的结果，这种方法一般用于比较大的项目或者复杂的项目中。

　　专家决策法主要是相关专家根据自己长期的经验对风险进行推测，因为项目管理专家从事一个项目时间长了，对于遇到的风险类型和风险带来的预期损失都有非常准确的认识，比如项目的质量风险、成本风险和工期风险等，项目管理专家可以凭借经验对这些风险的影响程度进行度量。

（二）碳金融政策风险

1.碳金融政策风险内容

碳金融政策风险简单来说就是指由于政策变动而给碳金融市场带来的风险，碳金融政策风险可以从三个方面来理解：首先，从本质上来说碳排放指标的买卖是由法律和政策规定的强制的市场，因此与碳排放相关的政策变动对碳金融市场有很大的影响。虽然在2012年的德班会议上宣布《京都议定书》在2012年到期后继续有效，但是美国、加拿大等国家宣布退出京都议定书第二承诺期，这无疑会影响到其他国家减排的积极性。而且到2020年第二承诺期到期之时，如果人们不再对该减排制度认可，那么整个碳金融市场将不复存在，碳交易指标等也没有了价值。其次，减排核证机构对于减排核证的相关规定也可能会导致交易风险。主要是因为由于技术发展存在不确定性，宏观经济政策也可能发生变化，减排量核证的标准及程序也会有变化，这就可能导致风险的产生。除此之外，碳排放指标的交易很多都是跨国交易，牵扯到的国家比较多，而各个国家的政策和法律内容不同，因而在碳交易过程中可能会面临法律风险和政策风险。最后，碳排放的主要原因是能源的消耗，而能源和天然气的主要输出国政局不稳定，比如伊拉克、利比亚等国家的政治事件对原油市场造成了巨大的影响，因此政局变动也是影响碳金融市场的能否正常运行的因素。

2.碳金融政策风险的特征

碳金融政策风险的特征概括一下有三个：首先，对碳金融市场的影响具有全局性。政策风险虽然是一种外生风险，但是如果该风险发生了，将会从根本上影响到整个碳金融市场，甚至决定碳金融的存在。其次，政策风险具有不确定性。这种不确定性包括单个国家政策的不确定性和国际政策的不确定性，首先是单个国家政策的不确定性，各个国家参与碳金融市场的前提是全球经济稳健发展，然而参与碳减排是要付出一定的经济代价的，如果有的国家承受不了因为减排而带来的经济损失，那么就会降低减排的积极性。第二是国际政策的不确定性。根据《京都议定书》第二承诺期的规定我们可以看到，减排政策涉及发达国家和发展中国家之间的利益关系，经济利益势必会反映到政治力量的对比上，因而在碳排放交易方面的国际政策的公正性直接影响各国政府参与减排的积极性。单个国家和国际政策的不确定性的存在，无疑增加了参与者碳减排交易的风险。最后，政策风险防范困难。很多风险都有专门有针对性的防范措施，但是政策风险由于牵扯范围广，涉及国与国之间、政府与企业之间等各方面的利益，很难用一般的技术手段来防范该风险。要想防范政策风险，需要加强国与国之间的交流，增强政府的职能。

（三）碳金融经济风险

1.碳金融经济风险内容

经济风险主要是指宏观经济周期性波动给参与碳排放交易者带来的风险，宏观经济周期性波动对碳排放交易的影响过程是：宏观经济周期影响企业生产的扩张和收缩，如果经济周期处于繁荣和复苏期，企业扩大生产，能源需求和碳排放量比较高，对于碳排放指标的需求也增加，需求增加就会推高碳价格。经济衰退和萧条期，企业生产规模缩小，对碳排放单位的需求也减少，碳交易价格也会下降。2007 年的金融危机使全球经济都受到影响，特别是以美国为主要出口国的国家，很多企业都濒临倒闭，这些都对碳交易价格和碳减排谈判产生了不利影响发达国家的碳排放配额需求不振，这导致 CDM 项目核证减排量（CER）价格已经从 10 欧元以上跌到 1 欧元左右。此后的欧盟债务危机也严重阻碍了欧盟经济发展，对各国的就业和经济发展都造成了很大的危害亨这些对碳交易市场的影响主要表现在以下几个方面：其一，由于经济衰退，很多企业开始减少产出，这样就有多余的碳排放指标可以在市场上出售，又加上碳排放需求减少，最终导致供大于求，碳价格持续下降。其二，由于经济危机的影响，西方很多国家为刺激经济发展，放宽了对企业碳排放的限制，而且资金的匮乏也导致了对碳排放需求的减少，这也是影响碳价格的一个重要因素。其三，由于资金的匮乏，不仅碳交易市场，整个金融市场的交易都比较冷清，商业银行等一些参与碳金融活动的金融机构也减少了相关的业务。

2.碳金融经济风险的特征

经济风险由于是受宏观经济周期影响而导致的可能发生损失的可能性，其特征有：首先是周期性，这是宏观经济最明显的特征，众所周知，宏观经济周期包括繁荣、衰退、萧条、复苏这四个阶段，不同的阶段，碳排放量有明显差异，如果掌握不好经济周期的变动规律，那么碳交易就可能会发生风险。其次是隐蔽性，因为经济风险总是隐藏在经济系统内部，并不会明显地表现出来，只有到了一定的时候才会显现出来。

（四）碳金融市场风险

市场风险是由于市场因子变化而导致损失的风险，其中市场因子主要包括利率、汇率、股指、物价等，某一个或多个市场因子的变化都可能会导致风险的产生。在碳金融市场上，仍然存在这些市场因子，但对市场的影响有其特殊的一面。首先，CDM 项目由于是发达国家出资和提供技术，在发展中国家开展项目，因此该项目涉及跨国交易，因此汇率变动会影响到双方的利益。其次，碳金融项目周期一般都很长，最少的也要几个月，长的可能要几年的时间，在这个漫长的期间，随时可能遭受利率变动的风险。最后，碳金融资产价格波动轨迹不同于一般的金融资产，具有随机的特征，特别是在第一承诺期向第二承诺期过渡期间。当第一承诺期快要截止时，很多交易者鉴于政策的不明朗，碳价格甚至跌至"冰点"。这种在特殊时期反常的价格变化也是市场风险的一种。这些因素或特征不仅会引起碳金融市场风险，而且可能对整个碳交易市场带来不利影响。

（五）碳金融操作风险

碳金融业务操作相对于其他金融业务更加复杂，操作难度也大，稍有操作不当就有可能造成损失。相关工作人员的职业技能、操作流程和操作系统出现问题都可能给碳金融业务带来风险。比如我国参与 CDM 项目，中间涉及项目的申请、审批和核证等很多过程，在操作上不仅需要较强的专业技能，更要求员工认真负责，否则可能会带来不可预见的损失。

关于操作风险的度量方法有很多，如损失分步法、高级计量法、基本指标法、统计度量模型、情景分析法、因素分析法和 Baysian 网络模型等，其中损失分步法和高级计量法比较侧重金融机构整体操作风险，碳金融业务操作相对比较复杂，其中产生风险的可能性也大，因此需要能够单独度量一笔业务的操作风险的模型，也就是需要一个度量碳金融操作风险的模型。在上述几个模型中，基本指标法准确性较差，主要是因为它利用的变量是外部变量，没有考虑到企业的内部构成，如果要考察的企业内部信息不容易获得，可以用该模型。统计度量模型是利用历史数据来对整体的操作风险进行预测，这种方法操作起来比较简单，但是准确度一般。情景分析法、因素分析法和 Baysian 网络模型都是准确度比较高的模型，缺点是使用比较复杂。

（六）碳金融信用风险

1. 碳金融信用风险的内容和特征

信用风险是指由于交易方的违约而给当事人带来损失的风险，这种违约主要是指交易方没有及时履行义务、信用资产恶化等。我国在从事碳金融业务的过程中，也不可避免地会遇到信用风险，比如 CDM 借款人违约，或者在进行碳排放权交易时，对方不履行义务等风险。

碳金融信用风险除了具备一般风险的特征之外，还有其特殊的地方。首先，碳金融信用风险的收益和风险的不对称性更加明显。一般来说信用风险的概率分布是不对称的，但是碳金融信用风险的这种不对称性更加明显。以 CDM 来说，由于该项目受到国家政策、经济周期、项目审批的复杂程序和核证减排量价格变动等一系列因素影响，导致该信用风险的收益风险不对称性更加突出。其次，碳金融信用风险中，信息不对称的情况更加严重，主要是交易双方知道的信息不一样，容易产生道德风险和逆向选择等。比如 CDM 项目，由于信息不对称的存在，商业银行可能把钱贷给对银行不利的贷款者，这样的话最后就很容易引起信用风险的产生。最后，碳金融项目最后能否达到预期收益，也可能会导致碳金融信用风险，有减排任务的国家在发展中国家投资 CDM 项目，如果项目破产，没有产生预期的减排额度，那么有减排任务的国家就面临着资金不能收回的信用风险。

2. 碳金融信用风险的分析及度量

碳信贷业务比较容易产生信用风险，信用风险的评价方法有很多种，可以分为传统信用分析法和现代信用分析法。传统信用分析法主要包括专家评价法和贷款风险度量法。专家评价法主要有 SC，SP，SW，这三种方法的具体内容如下：

5C 是指：道德品质（character）、还款能力（capacity）、资本实力（capital）、担保品（collateral）和经营环境（condition）；5W 是指：借款人（who）、还款期限（when）、借款用途（why）、担保物（what）和如何还款（how）；5P 是指：个人因素（personal）、借款目的（purpose）、偿还（payment）、保障（protection）和观念（perspective）。

这三种方法属于定性分析方法，在碳金融信用风险中，对于商业银行来说主要是碳信贷风险，就是向低碳环保行业贷款质量低，到期无法收回的风险，现在很多不具有技术优势的企业混杂于低碳行业之中，有的企业想借低碳名义向银行贷款，获得优惠利率的贷款，这样就可能会导致信贷风险的产生。可以利用专家评价法来分析信用风险，考察企业的品质、还款能力、担保品和企业经营环境等一系列因素，尽量减少或避免碳金融信贷风险的产生。

贷款风险度量法是我国商业银行比较常用的一种度量信用风险的方法，在碳信贷的应用中，该方法首先需要对低碳企业的信用等级进行评估，比如资金结构、经济效益、经济情况和领导人素质等，然后对该企业进行综合的评价，然后决定是否放款或放款多少。

传统信用风险评价方法具有一定的局限性，只能对企业的信用风险定性分析，而要想知道信用风险的具体大小，需要用现代信用风险分析方法，现代信用风险分析方法中最常见的是标准法和内部评级法，其中内部评级法主要包括信用监控模型（kmv 模型）、Credit risk+ 模型、Credit metric 模型、Credit Portfolio View 模型等。这些模型主要作用就是求出违约率，知道了违约率信用风险也就可知了，以下对这些模型的一个比较：

（1）Credit risk+ 模型：根据历史违约数据和模拟违约数据计算违约率，由于假设条件强，缺乏一定的准确性，但提供了客观的信用风险资本要求，在碳金融信贷风险度量中也较易操作。（2）Kmv 模型：主要是利用期权的股权价值变动来求企业违约率，这个基本没有假设，但包括期权定价理论的假设。可以对碳信贷违约公司和非违约公司构建数据库，得出更加客观真实的结果（3）Credit Portfolio View 模型：这个模型考虑的因素多是宏观因素，比如失业率，主要是模拟违约的联合概率分布金融资产也具有很的流行性，因此该模型使得度量结果更准。（4）Credit metric 模型：该模型须要用历史数据来计算企业信用等级矩阵，企业违约时的资产回收率，然后在此基础上计算信用资产的价值变化，最后利用 VAR 方法计算信用组合的风险暴露。信用组合价值同时受债务人违约和债务人的信用等级影响，该模型利用信用组合求得的风险大小就是该资产组合的风险价值。银行对低碳行业进行绿色信贷也可以考虑对低碳企业进行信用评级，利用历史数据计算企业违约概率，据此求出碳金融信用风险的大小。这四个模型都可以用来计算碳金融信用风险，相对于传统的信用分析法而言，这些模型倾向于定量分析，准确性更高，结果也更为客观。

（七）兴业银行碳金融业务实践及风险

1. 商业银行参与碳金融活动的主要形式

商业银行进驻碳交易市场并升级成为贯通碳权供应两者之间平台，透过拓展碳金融项目贡献基金托管、财务咨询、融资租借、资金账户管制等各项帮助。因而商业银行还可施行碳金融改创，拓展如碳期货、碳期权该类别的金融演化产物，该类项目的拓展在为低碳市场贸易增添生机的同时，还可在一定范畴内对交易风险予以缩减。

历史上商业银行参与碳金融市场活动始于 2002 年赤道原则的出现，此准则由包括花旗银行、荷兰银行、巴克莱银行与西德意志银行等当时国际上具有相当影响力的私人银行所制定。该理念规制银行在面向一个工程供给贷款资金前期，需施展对该项目会致使环境以及社会施加的牵涉施行完整细致的评测，并运用金融具备的调控效用主动催化企业工程在环保与促使社会进展核心的加强和督促。

赤道原则的推出展现出以低碳经济工程融资的业界水准和国际水平，致使近年间商业银行将此动机作为持续拓展碳金融业务改创的动因。如今发达国家商业银行已经形成相对完善的碳金融业务体系，主要包括绿色信贷、低碳理财产品、基于 CDM 工程的中间项目及碳金融演化产品贸易等。

（1）绿色信贷

　　绿色信贷是指商业银行运用有指定性的特性针对信贷资金投入完成节能减排、环保的低碳经济工程，规制工程的拓展贴合绿色生态的时代主题。商业银行施行绿色信贷项目中主机对贷款工程施展完整齐备的环境波动评测，以规避致使资金投入至污染环境严重的工程中，与此同时亦将在工程贷款进程中展开严厉细密的监测与之有关联的环境危机，保障绿色信贷释放出最优效用。国际绿色信贷产物到现今所蕴含的项目亦分布广泛，核心部分可归列为工程融资、房产净值贷款、绿色信用卡、汽车按揭、商业建筑贷款、住房抵押贷款七个类别。

　　项目融资是指：对绿色项目给予贷款优惠，如爱尔兰银行对"转废为能项目"的融资，只需与当地政府签订废物处理合同，并承诺支持合同范围内废物的处理，就给予长达 25 年的贷款支持。绿色信用卡是指：荷兰拉博银行推出的气候信用卡，该银行每年将信用卡购买能源密集型产品和服务金额的一定比例捐献给世界野生动物基金会；英国巴克莱银行的信用卡，向该卡用户购买绿色产品和服务提供折扣及较低的借款利率，信用卡利润的 50% 用于世界范围内的碳减排项目。运输贷款是指：美国银行向货车公司提供无抵押兼优惠条款的贷款，支持其投资节油技术，帮助其购买节的 Smart Way 升级套装。汽车贷款是指：温哥华城市银行的清洁空气汽车贷款，向所有低排放的车型提供优惠利率；澳大利亚 MECU 银行的 Gogreen 汽车贷款，是世界公认的绿色金融产品，也是澳大利亚第一个要求贷款者种树以吸收私家汽车排放的贷款，此项贷款产品自推出以来，该银行的车贷增长了 45%。商业建筑贷款是指：美国新资源银行向绿色项目中商业或多用居住单元提供 0.125% 的贷款折扣优惠；美国富国银行为 LEED 认证的节能商业建筑物提供第一抵押贷款和再融资，开发商不必为"绿色"商业建筑物支付初始的保险费。房屋净值贷款是指：花旗集团与夏普电气公司签订联合营销协议，向购置民用太阳能技术的客户提供便捷的融资；美国银行根据环保房屋净值贷款申请人使用 VISA 卡消费金额，按一定比例捐献给环保组织。住房抵押贷款是指：花旗集团于 2004 年针对中低收入顾客推出的结构化节能抵押产品，将省电等节能指标纳入贷款申请人的信用评分体系，英国联合金融服务社于 2000 年推出生态家庭贷款，每年为所有房屋购买交易提供免费家用能源评估及抵销服务。

　　（2）低碳理财产品

　　针对从事环保行业的企业以及项目，很多走在前沿的国家的商业银行不仅会提供绿色贷款，还会对低碳减排相关企业或项目进行直接或间接的投资并设立投资基金、推出相应的理财产品。如德意志银行推出了气候变化基金，对研究方向为环境气候的企业或者项目提供充足的资金支持。瑞士的银行也效仿德国建立了一个类似的基金，用来对那些从事环保项目但是资金紧缺或者是还未筹集到资金的企业进行援助。很多银行甚至不止于此，他们纷纷推出与环境或者天气有关联的产品，这些产品可以很直观地反映从事这方面企业的股价的升降。此类基金的低碳特征主要表现为与环保概念企业的业绩表现挂钩，重点投资于该相关企业的股票或期货期权合约，由于环保概念属于新兴技术板块，又有着改善人类生存环境的积极意义，因此未来的增长潜力巨大，深受那些不追求短期收益，注重长期增长的价值投资者欢迎。

（3）基于 CDM 项目的中间业务

所谓的 CDM 项目即清洁能源发展机制项目，CDM 项目其主要内容是指发达国家通过给发展中国家提供资金与技术等项目合作，帮助其实现节能减排，所核实的减排量可以用于完成发达国家缔约《京都议定书》的减排承诺。充当财务顾问是商业银行为参与 CDM 项目的企业提供的较为普遍的服务。CDM 项目涉及跨国合作，其过程庞大而复杂，参与该项目的企业为了避免因为信息不对称产生额外的成本，通常会寻求 CDM 项目的财务顾问服务。国际大型商业银行由于有着信息与渠道的优势，在协调项目买卖双方、锁定合理价格、实现交易资金快速到账方面都能提供合理的服务与建议，故而是企业开展 CDM 项目寻求财务顾问服务的重要选择。

（4）与碳排放相关的金融衍生产品交易

当前全球碳交易市场发展仍未完善，与传统商品交易的资本市场存在较大的差距，市场存在严重的区域分割现象。尽管如此，碳金融的发展却从未停顿。碳排放权从产生到分配再到最终的使用都不是同时发生的，由此具有某些金融衍生品的特性。大部分金融机构，特别是商业银行，作为国际碳交易市场之中最为重要的成员之一，他们会将节能减排作为依据，衍生出很多新的产品，如 CERs 与 EUAs，ERAS 之间的互换交易，CERs 与 EUAs 价差期权等，在二级市场进行套利活动与转移市场风险。

2. 兴业银行碳金融实践分析

众所周知，商业银行和一般的企业一样，以获取最大利润作为产生和经营的基本前提，这也是其发展的内在动力，因此，从自身利益最大化出发往往忽视了商业银行的社会责任，这也是绿色信贷在商业银行难以开展的根本原因所在。然而在此环境下，众多商业银行业纷纷参与进来，形成了一股绿色热潮。在这股热潮的前沿，兴业银行带头履行社会责任，公开承诺遵守赤道原则，成为国内第一家赤道银行。

随着发展壮大，兴业银行将自己的企业利益和环保利益联系在一起，在企业的发展的同时，更加重视环保金融的发展，并通过多种方式展开对环保的追求。相对于其他的银行，兴业银行的责任感更重，它在市场经济中展现出积极的一面，通过自己的优势来建立这样的一个绿色通道。兴业银行为国家的经济发展做出了努力，也为整个环境的提升做出了尝试。2007年1月12日，兴业银行签订成功了知名协议《绿色能源合作项目书》，这个项目书让兴业银行成为国内第一家从事绿色贷款的银行。直到同年的12月，该银行也同期推行了第一种资源贷款，这笔贷款首次发行的数目为4.6亿元，福建省是兴业银行能效贷款业务开展得最早、规模最大的省份。有了这样成功的一个先例，后来兴业银行又陆续开发了一系列的产品，针对当前的环保形势，为可持续发展做出一份贡献。2008年，为了保护相关的产品的发行，国家专门为这些积极创新的企业颁发了相应的法律法规，为绿色产品的发展保驾护航，让银行在开发新产品中尝到甜头，从而更愿意设计一些产品，与国际化接轨。银行还为了提高对绿色可持续的管理，专门的开发了更加高效的管理系统，用来指引人们的资金存放。随着业务的发展，现如今已经有10多个省的银行相继开展了类似业务，而这些项目也在节能减排中做出了卓越的贡献，融资金额累计达21.53亿元，可在我国实现年节约标准煤236.47万吨，年减少二氧化碳等温室气体排放656.97万吨，相当于关闭13座100兆瓦的火力发电站。随着环保项目进展的如火如荼，越来越多的减排项目进入了我国的交易市场中，发挥了关键功效。相对于其他的起步晚的银行，兴业银行在这一方面有着卓越的优势，比如说管理团队经验丰富、营销手段更加合理、资金获取速度快、合作企业更加信赖等等。兴业银行的创新主要是把这低碳和金融联系到了一起，并切实地做出了计划，从而为一些希望为环保做出贡献的企业贡献一番力量，也为企业拓展了更多融资办法。兴业银行成熟的发展思路为其他的银行提供了良好的借鉴来源，其他银行如果想要打开国内可持续市场的路径，还需要做更多的努力，也需要向兴业银行学习。

（1）兴业银行绿色信贷实践情况

2009年4月，兴业银行向社会承认将使用"赤道原则"的理念经营模式，并摒弃自身不良发展，努力为环保事业贡献一分力量。这个原则的兑现，不仅仅是兴业银行的责任体现，也是兴业银行应对社会发展潮流的一个努力。在这个理念下，兴业银行创新自己的发展模式，努力做好带头示范作用，成功地开发出了一系列衍生产品。

在2009年7月，为了进一步促进自己的发展，兴业银行与一些国际上的大型银行做了合作，在雄厚的资金实力下，开发了一系列的融资产品，为我国的环保发展做出了绝对的努力。随后公司又将这种精神融入了其他的环节中，比如说设立规章制度、组织架构、业务流程和产品创新等，都兼顾了环境保护与社会公众利益，使得银行上下职能部门与工作人员都达成可持续发展的理念共识。

为了进一步贯彻落实国家节能减排及淘汰落后粗放型企业的政策精神，兴业银行先后出台了《节能减排业务管理办法》《可持续发展细则》，还有为了提高业务的一系列规章制度，提高业务合规化，也增强在绿色金融业务这样的新业务上的合规经营意识。

2012 年间，兴业银行形成了其完整的产品与服务序列，包括融资服务与排放权金融服务两大序列产品。融资服务方面，兴业银行针对不同客户与不同项目类型的需要推出了"8+1"种融资服务模式；而排放权金融服务方面，则是针对国内碳交易试点、国际碳交易、排污权交易试点等开发专项产品和服务。

2009 年 4 月 14 日，"赤道原则"承诺使得兴业银行的发展拉开了似的序幕，这也使得兴业银行的发展有了更新的变化。从该承诺签订之后，兴业银行陆续地在全国的 10 多个拥有绿色环保项目的银行运行了贷款业务，从最后的达成交易量来看，这个项目的诞生具有十足的经济意义。仅仅 2008 年一年，兴业银行达成的绿色贷款数目就已经达到了 30 多亿元，帮助无数的小企业获得了一线生机。后来随着兴业银行的业务扩大，越来越多的省份的兴业银行也投入了绿色贷款的开发中，直到现在，绿色贷款的发展已经颇具规模，现在银行这一方面的业务已经达成了 800 多笔，涉及金额数目超过万亿，为我国的环保事业和企业的发展贡献了卓越的力量。

但兴业银行的相关产品的发展仍然处于萌芽阶段，虽然说该项目的诞生是一个创举，而且其营销模式也使得这个产品获得了巨大的成功，但是这些飞速发展的数字背后还有很多的不完美之处，我们还应该加强对这类产品的改进，不能够生搬硬套国外的模式，要对其修正，使其更适合我国的市场大环境，并在我国获得发展，而这方面的创意理念总共有以下这些：

模式一：采取与公用事业公司合作的模式即兴业银行与公用事业公司合作，而由公用事业公司下游的终端用户向兴业银行申请绿色金融贷款，并且将融得的资金用来支付公用事业单位清洁能源的相关设施建设费，而公用事业单位主要发挥着代理人和汇总人的作用。模式二：采取与能效设备供应商合作的模式。与以上的模式存在一定的共同点，融资主体不是能效设备供应商，潜在用户能够得到额外的建设资金，并能够将这笔资金用于实现企业的环保运营。模式三：与节能公司合作。节能公司相对银行来说更加具有相关的经验，这个项目的运行模式为银行为企业提供资金，让企业能够获得开发启动资金，这些公司本身就是一些节能公司，因此在开发新产品后，往往能够压缩一定的能源浪费空间，减少企业在能源方面的支出，比如说燃烧煤炭或者节约用电等等，这部分节省下来的资金或者是通过投资这些公司取得的利润能够用来完成还款。为了增加对该模式的研究，下文对产品案例进行了深度分析，同时对绿色产品在我国银行发展中存在的问题提出了一些看法。

案例一：兴业银行福州分行在2013年为福建公交公司提供绿色信贷4000万元，主要是为了帮助公交公司购买清洁能源汽车。据了解福建公交公司引进的新能源公交车相对于原来的公交车每辆车的节油率高达40%，本次信贷资金可供购买81辆公交车，那么一年就可以节省燃油约94.77万升。而节省下来的燃油可以作为公司的额外利润以及还款给提供借贷资金的企业，随着时间的延长，这些利润将逐渐地能够回本，成为公司投资的一个反馈，而且相对而言，人们也更加支持做环保公交，这也体现了当地人们良好的环保意识。兴业银行大力跟进我国的绿色发展经济政策，为我国的政策运行做出了很多努力，并且取得了卓越的效果。

案例二：2013年11月，包括兴业银行在内的各家银行共同签署了《中国银行业绿色信贷共同承诺》，主要是为了积极践行绿色信贷、加强产能过剩行业的授信管理、提升自身环境和社会表现等做出承诺。除此之外，为了降低污水排放量，让企业减少对水体结构的污染，该银行还推出了一系列的解决办法。其中关键的解决办法是在这些地区设立交易点，为企业提供治理环境方面的资金。

案例三：为了进一步加深环保理念，让消费者对环保多一份认识，也多一份责任感，2009年4月，兴业银行开发出了一套以绿色环保作为行动主题的储蓄卡和信用卡，储蓄卡免99年费，信用卡能够在超市采购、吃喝玩乐等方面有巨大的优惠力度。一直到2014年年底，这一套卡已经有了235万的用户，这套卡片的发行从用户角度来说，为顾客提供了方便，从银行的角度来说，增加了客户数量，并给顾客带来了一个全新的理念。通过信用卡的发行，兴业银行为每一个持卡用户建立了一份贴心的"档案"，在这个卡里会有所有消费者的消费记录，让消费者能够随时查阅自己的碳排放量，并能够对消费者的消费行为做出评价。让一些责任感较高的消费者能够有效地控制自己的浪费习惯。实际上，我们也发现了，该类信用卡的发行最大的目的不是为了盈利，而是为了环保。而信用卡的盈利获得的资金也大部分被用来了支持我国的环保事业。

除此之外，兴业银行关于CDM项目推出碳资产未来收益权（CER）质押贷款业务，主要针对企业开展CDM项目时无法及时获得CER带来的收益，从而引起现金流的紧张问题，给企业进行贷款，以此盘活未来的碳资产。由于兴业银行在CER质押贷款过程中将会承担部分CDM项目的风险，银行为了确保CER的实际收益会提出融资合同中的风险防控条款，而企业为了得到资金支持将不得不接受该条款并努力实现低碳排放，最终企业将获得融资，项目得到正

常运转

（2）兴业银行绿色金融债券实践情况

兴业银行作为绿色金融领域的实践者和市场领先者，2014 年就开始了绿色金融债券准备工作，主要包括不断完善技术标准、作业流程、体制机制和风险管理体系，做好项目储备，建立专项台账等。2015 年 11 月 3 日，兴业银行成为获得银监会关于发行绿色金融债券批复的首家银行；2016 年 1 月 20 日首批获准发行 500 亿元绿色金融债；1 月 28 日，仅用一天完成簿记建档，1 月 29日完成全部缴款，严格执行市场化、规范化操作，成功发行首期 100 亿元绿色金融债券。

对于产品的融资者来说，他们在投资的时候更加看重银行对投资人的保护。但是对于银行一方，更加关注资金的利用范围，比如说企业通过绿色贷款筹集到的资金，到底是否用在了环保事业上，比如说治理排放、治理空气污染、开发新产品等等，但是这些在以往总是很难保证。现在的政策与以往已经有了一定的不同，为了确保资金确实用在了绿色事业中，在企业从银行获取贷款的时候，需要向银行出具使用说明，在获得贷款之后，需要定期地向银行提供项目的运营情况出具书，打消投资者的疑虑。对于企业向银行出具的说明，如果有不合理的地方，银行有权利勒令其现在还款，撤销借贷给企业的使用资金。由于该标准和实施时间早于《绿色债券项目支持目录》发布的时间，兴业银行于2016 年 1 月 6 日下发《关于明确绿色金融债券募集资金投向的通知》，对原有标准进行了调整。根据《兴业银行股份有限公司 2016 年第一期绿色金融债券募集说明书》所示，其募集资金所支持的信贷投放全部是合规的绿色项目，并承诺将定期披露项目具体信息及其环境效益。

当募集资金用于指定绿色项目时，发行人应提供可量化的环境评价数据，使投资者能够准确了解其投资的环境效益、经济效益和社会效益。兴业银行对其每次发行的可持续产品都会有内部记录，而项目跟进过程中诞生的数据都会整理成表格，达成与国家机构的合作，为我国的国家环保局提供可靠的资料。对其给环境造成的影响进行客观评价，并对其是否有意义进行探讨。截至 2015年底，兴业银行在该方面提供的援助已经达到了年减排二氧化碳 7161.99 万吨、年减排氨氮化物 2.99 万吨、年减排二氧化硫 10.04 万吨、年综合利用固体废弃物 1726.44 万吨、年节水量 28565.06 万吨等环境效益。为了更进一步的、发展，兴业银行计划预留更多的风险预备资金，对兴业银行开发新产品提供支持。

（3）兴业银行参与碳金融的风险

兴业银行参与碳金融的方式多样，在为低碳经济提供支持的同时，也面临着各种不可预知的风险，特别是信贷风险，因此要加强风险管理，尽量避免不必要的损失。兴业银行在进行碳金融风险管理时具有一整套自己的风险管理体系，主要是由风险识别、分类、评估和控制检测、信息披露、绩效评价等一系列环节构成，通过这些环节兴业银行可以及时发现客户或者所投资项目的风险及风险的影响程度，然后以此为基础对客户或者项目进行分类管理，并对潜在的风险进行预防性控制。加强员工的风险防控意识，遇见可疑风险及时控制，防止风险进一步扩大。总的来说，兴业银行的风险防范机制可以用以下内容来概括。

组织架构层面上的风险防范机制是：即成立环境金融部，在该部门组建五个专业菌队，分别为项目融资、碳金融、市场研究、技术服务和赤道原则审查团队，并设置了碳金融风阶统筹管理的职能部门；制度层面上的风险防范机制是：制定了碳金融风险管理的制度及配套工具、示范文本及相关指导意见等一系列规范性文件；业务流程和管理机制层面上的风险防范机制是：制定了碳金融风险管理的制度体系和业务流程；企业文化融合层面上的风险防范机制是：将企业风险管理文化和企业社会责任、绿色金融相融合，使风险管理意识深入到每个人的内心；激励机制层面上的风险防范机制是：鼓励经营机构进行绿色信贷，并对各经营机构碳信贷风险控制效果好的给予奖励；内部控制层面上的风险防范机制是：将绿色信贷、可持续金融作为内部审计的内容，有助于及时发现碳信贷风险。

从兴业银行以及了解到的中国五大商业银行、其他股份制银行等的绿色信贷情况可以知道，我国银行业金融机构在这方面的投入越来越多，这也是贯彻建设生态文明的社会的方针政策。然而，虽然总的来说环境保护履行社会责任，现在很多银行已经把碳金融作为一项盈利渠道，不仅提供碳交易咨询服务、提供绿色信贷，而且还对 CDM 项目进行投资，并进行碳排放交易等，这些举措都给银行带来不可预测的风险。因此，银行应该利用可操作的指标分析风险大小，从各方面做好风险防范工作。

第四章　国外成熟市场碳金融风险防控机制考察——以欧盟为例

一、欧盟碳金融市场体系

（一）国际气候政策

"碳金融"源自《联合国气候变化框架公约》（简称《框架公约》）和《京都议定书》两大国际公约，《框架公约》形成于 1992 年联合国环境与发展大会上，是国际社会为应对全球气候问题而达成合作的国际法律框架，其要求发达国家采用具体应对措施控制温室气体的排放并为发展中国家的减排项目提供资金技术支持。《框架公约》第 3 次会议通过了《京都议定书》，首次以法规的形式限制了温室气体排放，提出了"在 2008–2012 年间主要工业国家的二氧化碳排放量比 1990 年排放量平均下降 5.2"的目标，其中欧盟承诺减排 8‰《京都议定书》同时规划了三种灵活减排机制，即国际排放贸易机制（ETS）、联合履约（JI）和清洁发展机制（CDM），允许发达国家借助减排机制开展碳排放权交易，允许以"净排放量"计算碳排放量，允许采用绿色开发机制和"集团方式"完成减排任务。

（二）欧盟政策法令

欧盟作为全球气候政策的主导者，早在 2000 年《欧盟第一个气候变化方案》中就提出了建立碳排放交易体系的减排措施，在 2003 年正式以法令的形式拉开了欧盟排放交易体系的序幕。为了保障欧盟排放交易体系的实施，欧盟陆续发布了系列政策法令，对欧盟排放交易体系的交易机制、市场机制、监管机制进行了详细规定，对运行过程发现的问题及时进行制度修缮和调整，有效地发挥了政策引导和政府监管的功能，推动了欧盟碳金融市场体系的快速发展，成全球最大规模、最活跃的碳排放交易体系。

二、欧盟碳排放权交易体系的建立、发展及其特征

随着 UNFCCC 以及《京都议定书》的签订，众多国家以控制温室气体排放

为目的开始着手建立各自的碳排放权交易体系。以发达国家为主体的区域性碳排放权交易体系在进入二十一世纪后相继被建立，以欧盟为主体的多国参与的EU ETS 通过数年的摸索与实践，在温室气体控制方面取得了一定的成效，同时也为各国的碳交易体系的建立与完善提供了宝贵的经验和教训。

（一）欧盟碳排放权交易体系运行的相关政策规划

围绕碳排放权交易体系展开的碳金融业务的发展，需要财政政策、产业政策等多元政策体系给予配套支持。目前，政府对碳金融的配套政策，主要体现在政府为推动低碳经济发展而制定的各种激励性的财政政策和产业政策。针对因碳排放权交易体系的建立与运行过程中企业可能产生的抵触行为，欧盟通过抵消政策、减排优惠政策、低碳就业政策、低碳技术扶持政策等以此保障 EU ETS 及碳金融业务的顺利发展。

1. 欧盟碳金融政策规划

欧盟在 EU ETS 建立前期即从战略角度出发，出台一系列气候政策用以推动 EU ETS 的顺利筹建。针对温室气体的减排，欧盟在早期的相关立法有效地保障了低碳产业的发展。进入 2000 年后，欧盟一系列的气候政策对碳交易机制的引入、推广起到了促进作用，有效地保证了 EU ETS 及相关碳金融业务的递进性与连续性。

欧盟 2000 年筹建为期两年的"欧洲气候变化项目"C European Climate Change Program，其目的在于研究及探讨有效的政策与措施。在对温室气体的排放进行管理与控制的同时，试图通过有效的政策杠杆保持经济稳定增长，并探索相关的措施以求实现环境与经济的最佳平衡。在 2010 年欧盟制定了中期战略，提出"20-20-20"的可持续发展低碳目标。在长期战略搭建中，欧盟制定了关于 2050 年温室气体排量相比基准年减少 80%~95% 的远期目标。通过立法与政策的推广，来保证 EU ETS 各阶段性履约目标的完成，并推动了 EU ETS 各阶段发展规划的顺利衔接与过渡。

20 世纪 90 年代初期，一些欧盟成员国即开始对温室气体排放行为采取征收碳税的方式加以控制。通过对煤炭、天然气、汽油、柴油等主要能源原料按其含碳量或排放量征收税金的方式，一方面能够限制本国温室气体排放量并能提高能源利用效率，同时征收的税金能够投入到环境改善项目或环保投资项目中。某些欧盟成员国的碳税政策执行时间较早，早在进入二十一世纪之前，欧盟数个经济规模较大的成员国也相继开始征收碳税。从最初相对较低的碳税税率，随着时间的推移与经济的发展逐年提高，根据各行业、部分所用燃料含碳量的不同以及排放量的不同，对税率进行差别化划分，对减排成果显著的企业进行降低税率等奖励。早期欧盟碳税政策的实行，不仅为 EU ETS 的建立提供了宝贵经验，同时大幅降低了排放受控企业对 EU ETS 的抵触情绪，可以说碳税政策为 EU ETS 的运行起到了良好的铺垫作用。

在欧盟众多成员国采取征收碳税的政策背景下，2005 年 EU ETS 正式运行，成为欧盟继碳税政策后，控制温室气体排放最有力的工具。通过基于总量控制交易的 EU ETS 目前已成为全球覆盖国家最多、涵盖行业最广的碳排放权交易体系。尽管 EU ETS 在初期的过量配额分配被认为是最初阶段的弊端，过多的配额令若干企业从中获得意外利益成为变现补贴，但宽松的配额分配使得欧盟各行业企业对 EU ETS 的第一及第二阶段的抵触感降低，同时有了相对宽松的适应期。随着 EU ETS 的稳步发展，欧盟委员会推出的政策措施对 EU ETS 的第三阶段进行了相应修改。例如在第三阶段对免费配额进行大幅削减，通过拍卖的方式对其进行发放，避免因过量免费配额导致的市场价格波动。同时通过减少抵消比例及抵消机制审批难度等方式，有效的调控市场配额的供需关系，从而引导 EU ETS 的价格机制向着以市场需求为基准的方向发展。

2. 欧盟成员国及加入 EU ETS 国家碳金融政策规划

（1）英国政府的碳金融政策规划

英国政府在 1997 年《气候变化计划》中提出的一种全国性税种即气候变化税（climate change levy，CCL），主要针对为工商行业及公共部门提供能源的供应单位进行税费征收。作为一种"能源使用税"，其征收对象主要是为加热、照明或动能而消耗的电力、天然气、固体燃料或者液化石油气等。针对各类能源采用不同税率的从量计征的方式，气候变化税的对征收对象的涵盖范围做出了明确规定，家用和非营利性慈善事业供应能源、石油产品、可再生能源等不在征税范围，其目的在于鼓励可再生能源利用及能源行业产物再利用行业的发展。另外，对出口、铁路的供应和新能源发电等也均有免征规定。耗能大户如炼钢、酿造、印刷等行业，如能与环境、食品和农村事务部签订协议，保证温室气体排放减少达标，同时提高生产效率者，其应征气候变化税税率可降至 20%。

英国政府对气候变化税征税的目的并不是为了增加税源扩大财政收入，其主要目的是为了提高国内的能源效率及可再生能源的推广。税收的大部分收入以减免及抵消税的形式返还至被征税企业，剩余部分则被纳入专门成立的碳基金或环境节能基金用于整体投资。气候变化税的主要作用是通过财政补贴或投资的方式鼓励企业的低碳节能技术的研发，此外通过降低征税企业的员工国民保险缴费率，从而抵消企业因气候变化税致使的成本提高。另外，一部分的税金用于碳基金的建设，通过碳基金对国内企业及部门的扶持加快整体低碳技术的推广，特别是对投资资金相对匮乏中小企业帮助较大。

气候变化税的财政收入一直保持着低于对国民社会保险税减免的数额，由于低碳技术的利用率逐年提高，因此气候变化税对国内企业的税率减免也随之提高。此外由于客观经济因素影响，国民收入和就业率的增加的背景下社会保险财政税收持续扩大，气候变化税在财政收入上一直被减免的社会保险税抵消。但是气候变税的作用却不可忽视，一方面政府通过税收政策的调整引导资金流向低碳技术产业及能效技术行业，另一方面在不额外增加企业和部门生产成本的同时激发企业的节能意识，利用碳基金手段扶持了中小企业整体的低碳技术水平。英国通过气候变化税的征收的部分收入在2001年创立了碳基金。这种以企业模式运营的独立公司形式代替了政府对公共资金的管理，通过高效的商业模式与私人的管理经验运用，对公共资金的投资方向与方式进行严格监管。其工作重心主要集中在对监管企业和公共部门的能效利用效率提高、低碳技术投资开发与温室气体减排的推动。通过第三方机构对实际排放量的客观评估，保证了碳基金的投资效率及最佳使用方式，同时提供的免费碳管理服务帮助本国企业挖掘自身减排能力与提升低碳投资意识。

此外，英国政府在开展气候变化税与碳基金的同时，还引入了《京都议定书》灵活机制之一的气体排放贸易。其目的通过市场调节作用，提高参与减排群体的参与度与积极性。同EU ETS具有强制性不同，英国政府的气体排放贸易机制主要以自愿参与为主，其参加者可以根据自身情况自行设定排放上限或减排目标。此外，参与者也可以根据与政府间的协议制定减排目标或排放目标，通过气体排放贸易机制进行排放配额的买卖。此外，为了扩大气体排放贸易的影响范围，体系外的群体也允许通过其市场进行排放配额交易活动。气体排放贸易的建立为英国日后加入EU ETS奠定了良好基础，无论对企业自身减排意识的提升，还是本国各行业部门对EU ETS的快速接纳都起到了重要作用。

（2）德国政府的碳金融政策规划

在国际政治舞台中德国一直积极推动改善全球环境与气候的发展，20世纪90年代末期德国政府的一系列环境政策相继出台，为德国日后在EU ETS中扮演重要角色起了良好的铺垫作用。1999年和2000年的《生态税改革法》和《可再生能源优先法》政策的推出，其目的在于推动全德境内的能源、电力等行业对可再生能源的比重的提高。通过对燃油、取暖、电力等能源的征税，提高其使用成本促进对可再生能源的开发。此外，面对交通行业CO_2排放量逐年增高的形势，德国政府通过对机动车辆征收尾气排放税来提高交通工具使用效率，同时对尾气排放指标不合格的机动车辆的行驶区域进行严格管制，征收的部分税金则用于新型能源交通工具的开发与推广。在其后的一系列激励政策中，提高对可再生能源项目的政策扶持与资金补贴，政府对可再生能源项目的优惠贷款中，近三分之一的分布可视作政策补贴无须还款。德国政府通过出台的废弃物回收政策，引导本国居民提高对回收行业的支持，利用回收品押金制度提高境内废弃回收品的回收效率，从而大幅降低了回收环保行业的成本以及提高了回收效率。德国近年来的环境优惠政策为德国低碳行业的兴起提供了优良条件。

（3）挪威政府的碳金融政策规划

尽管北欧四国之一的发达国家——挪威并不属于欧盟国家，但挪威政府于EU ETS 第二阶段正式加入并积极地开展温室气体减排活动。挪威政府很早就为温室气体减排行动和低碳技术的发展推出了一系列政策与措施。首先，政府针对国内水资源与能源行业建立了专门的气候能源基金，以用于行业技术与节能技术的开发与改进；其次，对于交通运输行业，挪威政府加大投资力度兴建铁路及大城市周边公共交通系统；再次，加大对自行车道路的投资资金，从而提高绿色交通工具的使用舒适度及使用频率，以此来缓解交通行业温室气体排放量持续增长的趋势；最后，对于建筑行业，挪威政府提出了提高能源使用效率计划，目的在于提高建筑整体的能源利用率与热能保存率，对家用新型能源电器实行奖励补助。另外，针对农业和林业，挪威政府在加强森林覆盖面积的同时，提高碳回收技术的应用，通过增加农业基础设施的低碳技术，提高对生物废弃物能源的再次利用。

挪威政府在国家气候合作的总体框架搭建下，致力于提高国内整体环境资金的支持规模，通过加强国际合作等方式，提高本国低碳技术改革。挪威政府一系列的低碳政策，不仅推动了本国绿色投资资金的快速发展，同时大幅降低了国内温室气体的排放总量，为挪威加入 EU ETS 减小了压力与障碍。

（二）欧盟碳排放权交易体系的建立

随全球经济的不断发展，人类对大气排放温室气体的行为加剧，使环境恶化、温度升高等问题越发严峻，促使国际气候谈判的进程也逐渐加快。各国就对控制温室气体排放能有效控制全球升温问题达成共识，在此背景之下，UNFCCC 和京都协议在经历数次协商下成功签订。至此意味着人类社会将正式开始对 CO_2 等温室气体的排放行为加以限制，从低碳环保可持续发展角度出发，正式迈入减排时代。欧盟作为全球经济发展水平较高的国家团体，多年来对环境问题的关注程度远高于其他国际及地区。作为国际环境问题的领跑者，在《京都议定书》正式签订通过后，欧盟在 2003 年正式开始着手建立跨国家的区域性碳排放权交易体系。在经过长达两年的探讨与协商中，欧盟委员会围绕碳排放权交易体系的政策、制度、进程、目标与规划进行构建。在 2005 年 1 月 1

日正式启动了全球首个跨国家、参与国家最多的围绕碳排放配额为交易产品的综合性交易体系——EU ETS。EU ETS 的成功建立不仅归功于欧盟整体对其积极推动与鼎力支持，同样也得益于欧盟自身特点和需求所决定。

1. 欧盟成员国具有独特的地理结构与生态因素

作为全球地势较低的大洲，欧洲的平均海拔高度也仅有 300 多米，其中有超过百分之六十的面积低于海拔 200 米以下。整体以平原为主的欧洲在未来全球变暖、海平面不断上升的恶劣局势下，受温室气体导致气温升高海平面上升的影响下，无论是居民、生物群落或是生态系统都将面临巨大的挑战与沉重的打击。根据 IPCC 的报告与欧盟的相关可研报告，如全球海平面上升的环境问题不断恶化，欧洲遇到的问题与应对灾难的成本将远远高于全球其他地区。此外由于客观的地理因素，各成员国国家面积偏小但数量众多，欧洲作为全球人口密度较高的大洲，整个生态体系十分脆弱。如果某一成员国的生态环境遭到破坏，周边的邻国将很容易受到波及。在这样的客观条件下，促使欧盟中各个成员国在面对环境、生态等问题时，从各国自身角度出发具备治理温室气体排放的积极性。

2. 欧盟需要提高自身在国际社会的话语权

近年来随着全球环境问题加剧，欧盟作为环保领域的带头者在多国国际政治对话与谈判中或话语权分量逐渐加重。随着 20 世纪 80 年代欧洲的一体化建设加快，综合实力得到大幅提升，欧盟在参与国际事务方面的积极性越来越高，在全球范围内的影响力与号召力也随之加大。自从"美苏"世界格局被打破之后，欧盟主张世界格局应更为多极化和民主化，积极响应联合国的各方面号召，成为美国之后的又一重要国家或国家团体。而在全球气候变化领域的积极推动中，使得欧盟拥有了比常规政治领域更多的发言权。

3. 欧盟自身的经济需要复兴和发展

欧盟作为全球一体化程度最高，经济水平及实力强大的经济体，由于自身的发展原因、资源限制及全球经济环境等影响，在近年来的经济危机、金融危机中受到严重影响。随着欧盟经济增长乏力，欧盟整体的失业率和财政赤字逐渐上升，面对停止低迷的经济阶段，新兴的低碳经济成为欧盟经济复苏之路的可行性。欧盟的节能减排、对可再生能源的大力开发、低碳政策的扶持、低碳技术的研发与普及等能够一定程度地带动整个欧盟的就业与投资，在绿色经济转型的同时，欧盟也看到了自身经济复苏的道路。

4. 欧盟自身具备领先强大的低碳技术

作为全球经济与技术极为发达的国家与地区，欧盟具备强大的低碳技术研发与技术专利数量，因此使欧盟温室气体减排成本相对较低。在全球能源技术市场中，欧盟所占比例超过半数，其拥有的低碳技术数量超过美国一倍；而在环境技术方面，欧盟主要发达国家如英国、德国、法国、意大利所拥有的技术约占全球比重的近50%，远远领先于全球其他国家。在遏制全球气候变暖、温室气体减排的背景下，必将推动全球低碳技术的输出与转让，而欧盟在低碳技术方面的明显优势将在整个市场中占据明显优势。欧盟可以通过提高对进口商品的环保标准有效地改善进出口贸易中的逆差局势，通过严格的环保要求建立绿色壁垒来保护欧盟自身的商品。从欧盟自身的低碳技术优势与国际贸易现状出发，欧盟对于全球范围内的温室气体减排及低碳技术推广的积极性十足。通过 EU ETS 的建立，可以把现有的低碳技术转化成直观的经济利益，同时体系建立对经济的影响较小，因此欧盟对 EU ETS 的大力推动有着充分的理由。

5. 欧盟整个区域资源匮乏

欧盟整体高度的工业化进程对于资源的需求十分巨大，但因客观地理资源的制约对资源的进口依赖程度日益提升。欧盟目前已经成为全世界最大的能源进口者，而根据欧盟委员会的预测，在未来二十年中，欧盟所需能源中有超过三分之二需要依靠进口。目前欧盟对于石油及天然气等地矿资源需求主要依靠中东及俄罗斯等国的能源出口来满足，而对外部能源的高度依赖意味着欧盟在未来的能源需求上将面临巨大的挑战。随着中东地区格局持续动荡以及俄罗斯与周边地区的冲突升级，令欧盟各方面都意识到充足能源供给的重要性，因此欧盟对可再生能源的开发与利用成为核心重要战略。EU ETS 在促进低碳减排等新兴能源类技术的发展同时，也能加快对可再生能源利用的步伐。因此能源资源的严重匮乏使得欧盟在 EU ETS 的建立与发展方面显得十分积极。

6. 欧盟从整体看具备很强的环保意识

由于其整体经济文化水平相对较高，欧盟公众对于环境恶化问题以及环境保护意识相对较高，同时欧盟整个政治领导层面的环保主义也比较强势。例如在 EU ETS 建立之前，2004 年的德国环保意识调查中显示，超过 92% 的被调查者表示环境保护刻不容缓不可忽视，近 87% 的被调查者表示担心未来生存环境，认同为了下一代必须让自己的行为更有利于环境保护。随着欧洲整体环保意识的提高，由环保主义人士组成的政党无论在人数上，还是在主流政坛对话中的影响越来越大。随着环保主义人士在政府与领导层的人数逐渐增多，在欧盟推动全球应对气候环境挑战与 EU ETS 建立中发挥了重要作用。

（三）欧盟碳排放权交易体系的发展

EU ETS 发展至今已成为全球规模、交易量及交易额最大的国际性碳排放权交易体系。作为首个碳排放权交易体系，欧盟在设计之初并没有经验可循，由于参与国家数量众多，管理难度也很大。因此 EU ETS 被设计为按阶段性发展的模式：2005-2007 年作为 EU ETS 的第一阶段也可以被视为摸索阶段；2008-2012 年 EU ETS 第二阶段作为该体系的过渡期；2013-2020 年为 EU ETS 的第三阶段也是发展阶段；2021 年至 2028 年 EU ETS 将会步入第四阶段。

第一阶段（2005-2007）：试运行阶段。作为全球首个区域性多国参与的碳排放权交易体系，碳排放权交易的运转方式、交易制度的建立、完善及配额的合理分配方式以及碳市场规律等各方面都需要在摸索中进行，因此欧盟委员会决定将 2005 年至 2007 年定位 EU ETS 的试验阶段。之后，通过试验阶段实践结果来调整 EU ETS 的各项规划。

EU ETS 的第一阶段中并未加入《京都议定书》框架下的其他机制，在 EU ETS 第一阶段，内部的碳排放配额交易成为此阶段 EU ETS 的要运作方式。并且把《京都议定书》中规定需要减排的六种温室气体中排放量最大的 CO_2 划定为 EUETS 第一阶段唯一的交易商品，这项决定有易于对 EU ETS 的交易进行追踪和反馈。第一阶段的 EU ETS 覆盖了欧盟 25 个成员国，交易者囊括了约占欧盟总 CO_2 排放量一半的十多万家企业。各成员国以国家为单位，以 1990 年的历史排放量作为基准，制定碳排放分配计划书（National Allowances Plan，NAP），并向欧盟委员会提交，欧盟委员第一阶段则以 NAP 为基准分配各国碳排放额度。

EU ETS 运行第一年进行了价值约 72 亿欧元的 362 万吨 CO_2 的排放权交易，为了避免虚报和造假，欧盟委员会邀请了第三方认证机构对各成员国的年排放数据进行审核。对于超额排放的企业将被处以每吨 40 欧元的罚款；同时第一阶段未使用的碳排放额度不可以带入第二阶段。

第二阶段（2008-2012）：自 2008 年起 EUETS 步入第二阶段。其时间线与《京都议定书》内容相吻合。此阶段欧盟的排放目标定为 2012 年达到议定书所制定的减排 8% 标准。在此阶段 EU ETS 的运行方式仍然采用配额制度，但是欧盟将各成员国免费额度调整至 NAP 申请额度的 90%。

EU ETS 第二阶段的发展过程中曾一度因外界经济环境因素与内部管理制度缺陷产生了一定的波动。一方面相对宽松的总量配额导致市场碳排放配额供过于求，碳排放价格的走势一路下滑，另一方面 2009 年初的全球经济危机不仅导致了企业对 CO_2 排放配额购买的积极性降低，同时因全球经济危机的影响，欧盟企业的产量明显下降，对排放配额的需求进一步缩小，令交易市场中碳排放配额供大于求的问题进一步恶化。

尽管 EU ETS 第二阶段出现的问题不容忽视，但是整体来看第二阶段的运行与发展相比前一阶段还是取得了很大进步。相比于第一阶段的试运行阶段，

EUETS 的市场交易量快速增长，在全球碳排放权交易中的比重由 2005 年的 45% 增加至 2011 年的 76%。同时碳排放权交易价格虽然出现了大幅波动，但侧面反映出 EU ETS 的价格机制初步形成，碳排放价格对市场内的供需关系及外部因素依赖性很强。此外，在 EU ETS 第二阶段，几个主要气候能源交易所的发展迅速，参与交易的主体也逐渐向多样性发展；同时随着欧洲金融机构的参与程度大幅提高，提高了市场内的流动性。

第三阶段(2013–2020 年)：通过对 EUETS 探索阶段和发展阶段经验的总结，欧盟委员会对 EU ETS 的第三阶段做出了较大调整：一方面取消申报与审批的配额制度，取而代之的是以欧盟整理规划后的碳排放指标进行分配；另一方面规定各行业碳排放指标不再实行统一标准，而是根据不同行业进行分派，例如，电力行业取消免费排放额度，碳排放指标实行完全拍卖制；同时从第三阶段开始，欧盟分配的碳排放额度采取逐年递减的方式，以期 2020 年整体碳排放量在 2005 年基础上减少 21%，并促使 EU ETS 由配额制向拍卖制过渡。此外，EU ETS 第三阶段的覆盖行业计划进一步扩展，碳排放量较大的行业如交通、电力与能源、农业及制造业等被纳入其中，提高了 EU ETS 内的需求总量。

（四）欧盟碳排放权交易体系的特征

EUETS 经过十年的发展，已经稳步进入第三阶段。目前 EU ETS 的参与国涵盖了 28 个欧盟成员国，同时还包括冰岛、芬兰、列士敦士登在内的 3 个非欧盟成员国，共计 31 个国家。EU ETS 自构建与运行至今，已经成为全球规模最大、覆盖国家最多的碳排放权交易体系，不能否认其已经成为全球最成功的碳排放权交易体系之一。但看到 EU ETS 成功的同时，其发展也并非一帆风顺，例如超额的碳排放配额设定致使第一阶段末期市场碳交易价格跌至冰点；第二阶段运行过程中市场价格受到全球经济危机影响持续走低，导致的市场信心动摇；个别企业利用登记审批系统的漏洞非法获利等等。本节将对 EU ETS 运行过程中的特点进行归纳论述：

1. 阶段性发展规划成效显著

欧盟委员会对 EU ETS 采用阶段性发展规划，对各阶段的时间安排和减排目标有着清晰的规划。第一阶段的试运行过程主要对 EU ETS 体制与制度的检验，通过宽松的免费配额分配方式提高各参与国的参与性，随着第一阶段的运行俨然成为全球较具影响力的碳排放权交易体系。第二阶段对覆盖行业范围有所扩大，同时参与国家数量进一步增多。同时此阶段重点加快 EU ETS 价格机制形成与发展，通过提高拍卖配额的比例引导 EU ETS 的碳排放价格应由市场决定以保障其公平性与合理性的策略。EU ETS 的第三阶段对欧盟配额拍卖的比重大幅提升，进一步巩固价格机制的完善与发展。此外，对 EU ETS 的检测、报告、认证与核准规则（Monitoring, reporting and verification, MRAV）进行规范，提升整体的公正与公平性，从而降低风险的发生及提供风险的防控能力，此阶段的重心更加偏重对风险管理机制的完善。清晰的发展规划令 EU ETS 按照既定思路平稳发展，在其规模逐渐扩大的同时各阶段的减排目标也顺利达成。

2. 运行机制功能不断健全

基于限额交易制度的 EU ETS 对体系内企业的温室气体排放上限进行限定，通过总量控制交易的方式对整体温室气体排放现状加以管理。而碳排放配额的上限随着时间的推移逐步缩小，以此来完成 EU ETS 各阶段的既定减排任务。超额排放企业可以通过购买其他交易主体出售配额的方式避免惩罚性罚款，或是通过购买其他国际市场的减排信用额度抵消自身碳排放，其中包括清洁发展机制与联合履约机制中的核证减排 CER 信用。在健全的运行机制背景下，参与减排企业对低碳技术的应用及温室气体减排积极性提高，通过在市场中出售自身剩余的碳排放权利获得经济效益形成良性循环。

3. 碳排放权交易价格一度剧烈波动

EU ETS 市场内基础交易产品为欧盟碳排放配额，交易单位为一吨 CO_2 排放当量。在 2005 年至 2007 年 EU ETS 第一阶段期间，市场碳排放配额价格一度出现戏剧性的变化。EU ETS 运行初期，EUA 的交易价格基本保持稳定状态并在市场普遍看好的背景之下，曾一度出现小幅上涨，并在 2006 年 4 月份达到了历史最高峰即 EUA 约为 30 欧元。而随着几个欧盟国家宣布其实际碳排放量小于所获配额后，直接导致了同年 4 月的最后一周市场碳排放价格直线下跌，从上一个交易日的 29.20 欧元跌至 13.35 欧元，跌幅超过了 50%。自 2006 年 5 月欧盟委员会确认，05 年欧盟整体 CO_2 实际排放量约为 8000 万吨，碳排放价格持续走低，价格已经跌破每吨 10 欧元。由于成员国所获碳排放配额超出实际排放所需，市场碳排放配额供需失衡致使 2007 年 3 月其价格跌至每吨 1.2 欧元。而在 EU ETS 第一阶段未使用的碳排放配额无法带入下一阶段的背景之下，2007 年 9 月甚至下降到每吨 0.10 欧元。因 EU ETS 第一阶段碳排放权市场均价过低，致使企业的边际减排成本远高于碳排放权的使用成本，多数受控企业选择通过市场购买碳排放权的方式达到阶段性减排目标。

2008 年上半年，随着 EU ETS 的第二阶段运行，其交易价格走出 2007 年的低谷并持续上涨至每吨 20 欧元，同年下半年的平均交易价格为每吨 22 欧元。但 2009 年上半年的交易平均价格又下降为每吨 13 欧元，尽管 2008 年底的全球经济危机致使欧盟能源密集型产业出现衰退，因此欧盟整体对碳排放配额的需求也随之降低，但一定层面反映出 EU ETS 价格管理机制的不完善，导致碳排放权交易市场价格的剧烈波动。

2009 年 EU ETS 的市场交易价格仍未出现大幅走高趋势，在其第二阶段市场碳排放配额供应过量，不仅未能有效推动受控企业减排，同时还令 EU ETS 的各方参与主体的市场信心产生动摇。自 2009 年下半年至 2012 年 3 月，市场碳排放配额交易价格基本维持在每吨 10-15 欧元区间，但之后数月内价格再次下滑，在 2012 年 12 月的市场价格为每吨 6.76 欧元。2012 年 7 月，路透社旗下的点碳（Thomson Reuters Point Carbon）通过分析认为，EU ETS 第二阶段后期如欧盟委员会未对市场碳排放配额交易价格进行干预，其市场价格甚至无法维持在 _5 欧元每吨以上。总体来说，EU ETS 第二阶段由于欧盟委员会对碳排放权市场的价格干预，受控企业边际减排成本与市场碳排放权使用成本并未出现第一阶段的大幅差异，因而受控企业的减排成效相比前一阶段有所提升。

在 EU ETS 第三阶段欧盟委员会调整相应政策与机制，力图改变其价格的波动与低迷，但 2013 年 1 月份开始市场价格仍然出现下滑趋势，在 2013 年 4 月下旬，其价格甚至快速跌至每吨 2.70 欧元，虽在之后出现反弹趋势，但 EU ETS 第三阶段的市场价格走势仍然伴持续伴随小幅波动。2014 年上半年 EU ETS 市场平均价格达到了每吨 5.92 欧元，截至 2014 年 12 月 14 日，EU ETS 的碳交易价格以每吨 6.66 欧元收盘。由于欧盟委员会对 EU ETS 第三阶段进行的政策调整，使得市场内碳排放权的价格波动有所缓解，受控减排企业边际减排成本与碳排放权使用成本也趋向平稳发展。

4. 碳排放配额从计划配置向市场配置过渡

欧盟委员会在对 EU ETS 各个参与国的碳排放配额采用阶段性设计，各成员国所获配额将根据不同阶段进行调整。此外，对于碳排放配额划分至成员国的制定也随 EU ETS 不同发展阶段进行调整。EU ETS 的第一阶段中，欧盟委员会发放给成员国的碳排放配额中约 95% 的比例采用无偿免费形式，目的在于减少各成员国政府及参与减排企业的压力，为 EU ETS 各参与主体提供相对宽裕的适应期。第二阶段中，有针对性地增加了拍卖配额的比例，将免费配额的比例下调至 90%，意图通过市场公平竞价的方式促进碳排放配额的市场价格发展。EU ETS 的第三阶段原本计划将免费的碳排放配额比例进一步下调至 50% 以下，而超过半数的碳排放配额将采用拍卖的形式进行出售，并计划在 2027 年全部采取拍卖形式出售。但由于 EU ETS 前个两阶段的碳排放配额总量制定过于宽松及免费排放配额比例过大，导致碳市场价格持续走低，欧盟委员会对 EU ETS 第三阶段的配额分配制度进行了改革，采用行业基准的方式制定免费碳排放配额的分配量，同时个别行业的碳排放配额完全以拍卖形式进行出售。

5. 强制减排行业覆盖范围逐步扩大

EUETS 的阶段性策略也体现在其体系覆盖行业的规划上，EU ETS 第一阶段，欧盟委员会对工业及能源行业为主的高能耗行业的具体覆盖范围设定了标准线，对装配有 29MW 以上的能源密集型企业进行碳排放管制。原来拟在第二阶段将进入欧盟境内的商业航空列入监管范围，但遭到各大航空公司以及其他国家的抗议，最终此计划被推迟到 EU ETS 第三阶段实施。第三阶段继续扩充 EU ETS 的覆盖范围，将化工行业也纳入其体系内，但是生产流程与加热过程完全依赖被认为是可再生资源的生物质（Biomass）的化工企业将排除在外。除此以外，还计划在 EU ETS 第三阶段内将农业、林业、废弃物回收及交通等行业纳入其中。

三、欧盟碳排放权交易体系的分配与供求机制

（一）欧盟碳排放权交易体系的分配机制

EU ETS 的分配机制包括了市场制定方式、市场分配方法两方面的研究。分配机制的公平性、有效性、合理性则成为衡量一个体系的分配机制的标准。对于隶属于京都协议市场下的 EU ETS，其体系属于京都议定书框架下的总量控制交易市场。总量交易市场的运行原理是对整体市场的碳排放总量进行设定，再由相应的分配方法发放至具体单位，通过对温室气体排放总量的限制，对各参与减排企业的温室气体排放量加以制约。对市场内交易总量的设定的方法有很多，如利用对历史排放数据进行统计估算的方式制定总量、利用 CO_2 排放量与国家经济生产总值之间的比例衡量、基于国家人口总数及人口密度的方式制定等等。分配机制中对碳排放权的分配方法也有多种分类，例如国家政府作为无偿性质的免费配额发放和以市场供需平衡决定的有偿出售。在分配过程中，通过调节免费发放与拍卖出售的杠杆，能够有效地调节市场中排放配额的价格以及企业的减排成本等。

1. 总量制定

EU ETS 的市场正是建立在《京都议定书》框架下基于总量交易的市场，通过对所覆盖行业企业的温室气体排放总量的限定，根据不同的分配方式对排放配额进行划分。EU ETS 的第一阶段覆盖以高排放的工业行业及能源企业为控制对象；在 EU ETS 的第二阶段随着参与国家数量的增加以及减排企业的增长，在第二阶段欧盟所覆盖行业的 CO_2 排放量已经接近了欧盟总排放的五分之二。EUETS 第一阶段的总量设定依据各参与自行统计的历史累计排放量作为参考依据，由最高管理机构欧盟委员会负责评估及最终确定对各参与国的排放总

额分发。EU ETS 第一阶段对各参与国的实际发放总量基本与各国申报的历史排放数据一致，可以看出在摸索阶段，欧盟对各国历史排放数据进行评估相对较松，对碳排放总量的设定较为慷慨。EU ETS 的第二阶段的排放总量仍遵循着各国向欧盟委员会申报的方式设定，但在审批过程中要比第一阶段更为严格。EU ETS 第三阶段对排放总量的设定及分配方式有很大改变，不再遵循各国累计历史排放数据的评估进行总量制定，而是直接依据京都议定书的减排目标设定。

尽管欧盟委员会对各成员国所申报的历史排放数据通过评估等方式，对EUETS 的总量配额进行最后的设定与划分，但成员国申请所获配额量普遍大于实际正常排放量（Business As Usual，BAU）。学者们普遍认为第一阶段的排放权分配存在过度配给现象，根据 EU ETS 实际运行过程中对核证排放量与申请排放额的统计也可清晰看出，欧盟委员会在各国总额设定方面的政策的确相对宽松。特别是第一阶段总额设定得过于宽松导致了过度配给现象，令企业的减排压力甚小，甚至可以通过出售过度配额的方式额外获利。

2. 分配方式

欧盟于 2005 年正式启动世界上第一个跨国碳排放配额交易机制——EU ETS，作为全球首个跨国碳配额交易机制，基于总量限制原则依据《欧洲温室气体排放权交易指令》对参与减排履约的成员国家进行分配管理。EU ETS 前个两阶段对成员国的分配依据主要依照各国提交的分配计划进行，该计划书中需要列明该国对境内参与减排行业及企业的分配计划，并要求这个国家对各行业的分配进行解释说明。尽管采用提交计划书的方式对各成员国的二次分配进行管理与控制，但为保证各成员国自身利益，欧盟委员会对各成员国提交的国家分配计划干预较少。同时参与 EU ETS 的各成员国可根据本国国情，在不严重影响市场稳定及保证减排目标达成的前提下，根据本国制定的相关法律与法令进行排放配额分配与减排。

同时为保证分配制度的有效性，在明确的配制度下构建了严格的惩罚机制，当排放企业的实际排放量超出配额时将被收取数额较高的罚款，在 EU ETS 第一阶段，针对参与排放的企业超出配额的排放部分惩罚力度在每吨 40 欧元。EUETS 第二阶段开始惩罚力度加大到每吨 100 欧元，且受控排放企业下一年的碳排放配额将被缩减。欧盟委员会通过惩罚性罚款措施来约束减排企业的 CO_2 排放量，同时推动超标排放企业为避免罚款而通过 EU ETS 的市场机制购买碳排放额度。目的在于加快 EU ETS 内市场碳排放配额流通速度的同时，检验 EU ETS 分配机制的运行，并且以此方式最终达到签署《京都议定书》的初衷，即有效地控制全球生产生活过程中所排放的温室气体量。

欧盟对 EU ETS 初期的分配采用免费与拍卖两种方式相结合，基于摸索目的和对保护成员国经济发展的初衷，无偿发放的免费配额占发放总量的绝大比重，只有近十分之一的配额需要通过拍卖购买。对于如此慷慨的无偿免费排放配额，欧盟也是为促进 EU ETS 快速运行、争取成员国的参与态度、提高减排企业的参与积极性等方面考虑。结合欧盟对各成员国实际排放数据与所获排放配额来看，可以看出欧盟在 EU ETS 第一阶段的分配制度较为宽松。其中欧盟各成员国中仅爱尔兰在 2005 年实际排放量的稍大于所获排放量，而其他各成员国在 2005 的实际排放量均低于所获排放额度。

EU ETS 第二阶段开始，拍卖形式的配额分配比例有所提升，通过免费配给与市场拍卖两种方式的结合构建平稳有序的排放权交易体系。自 2008 年至 2012 年的 EU ETS 第二阶段过程中，尽管对各成员国的分配额度中拍卖的比重有所提高，但总体仍是以免费发放为主。欧盟委员会在 EU ETS 第三阶段的分配方式做出了较大调整，由前两个阶段以免费配给为主分配方式转向以拍卖形式进行配额分配的方式，通过市场调节机制对排放配额进行合理定价。从 2013 年开始以有偿拍卖的碳排放配额将成为 EU ETS 第三阶段各受控企业获得碳排放的主要来源，其拍卖的比例将超过配额总量的半数。并在原有计划上做出调整，按照行业最优企业排放制定基准标准，进一步提升拍卖碳排放配额的比例，特别是电力行业的排放配给方式将全部采用拍卖的形式。分配方式的改变是为了对市场的排放权交易额度进行合理的控制，确保交易市场供求关系的平衡稳定。此外，为了保证 EU ETS 拍卖过程的公平性与公正性，欧盟颁布了针对碳排放权交易市场的交易指令。"欧洲温室气体排放权交易指令"的颁布对以拍卖形式的配给制度的一种肯定，为日后 EU ETS 的市场交易过程与交易方式提供法制依据。随着 EU ETS 交易机制的规范与完善，EU ETS 内的碳排放配额交易方式、交易数量、交易金额也逐渐增多。

3. 分配机制的特征与成效

EU ETS 的分配机制为欧盟整体温室气体减排做出了重要贡献，从 EU ETS 各阶段运行目标的完成结果能够体现出欧盟到达了预期节能减排效果，大部分参与国在 EU ETS 前两个阶段都达成了《京都议定书》的承诺减排目标。这些成效离不开 EU ETS 成功的分配机制，通过免费配额与拍卖配额的结合构成了 EUETS 价格机制的基础。通过分配方式的转变，履约企业获得碳排放配额的方式从免费获取过渡到竞拍购买，激励企业提升自身减排能力与优化能源利用效率，使行业自身向着低碳环保可持续发展模式转变。

（1）分配机制具有阶段过渡性

EU ETS 的分配机制设计采用分阶段对受控企业所获碳排放量逐步缩小，

缓解了企业在降低排放过程中的压力以及避免了生产成本快速提升。在运行初期以免费配额为主的分配方式从一定程度上降低了履约企业的排放成本，为EUETS的推广与发展奠定了基础。而分配机制根据阶段性发展相应地做出调整，免费碳排放配额与拍卖碳排放配额的比例逐渐调整，不仅为体系内参与主体提供了宝贵的过渡期，同时也有效地保证欧盟整体温室气体减排的成效。

（2）分配机制的实施具有灵活性

各成员国政府对 NAP 的制订享有自主权，使在不同经济条件与外在条件下的各国政府能够根据自身实际情况对碳排放配额有计划分配，从一定程度上调动了成员国对 EU ETS 参与的积极性。同时灵活的分配机制使各成员国在规划本国配额分配时，可以通过增发免费配额的方法对处于劣势行业企业进行扶持，通过紧缩的配额分配方法鼓励发展较成熟、技术水平较高的行业提升自身减排能力。

（3）分配机制的运行体现了公平性

欧盟委员会在对 EU ETS 总量配额划分至各个成员国的过程中，充分地考虑了各成员经济与技术水平的差异。在基于各国历史排放数据的报告结果上，针对经济发达的成员的实际排放配额量的宽松程度远低于经济欠发达的欧盟成员国。如经济发展程度较高的英国与德国，对欧盟减排份额的承担责任高于经济发展程度相对落后的成员。通过分配机制的差异化管理，缩小国家之间的差异。即条件优越的国家承担的减排义务与责任更多，处于劣势的国家可以利用欧盟给予的碳排放配额补贴加快发展速度，从而使得 EU ETS 及欧盟温室气体减排战略能够平稳持续的发展。

（4）分配机制具有统一性和标准化特征

EU ETS 第三阶段对分配机制的改革体现了其制度的统一性与标准化，第三阶段的总量制定方式不再基于各成员国申报的历史排放数据，而是通过制定统一的基准准则确定各个成员国的配额分配量。经过修订的分配机制大幅缩短了对各国申报报告的统计时间，同时提高了分配机制的透明度。基准准则依据行业内优秀企业的水平制定，从一定程度了加大了行业内部的竞争性，从而促进行业自身向低碳经济机构转化，同时统一的标准化分配制度巩固了 EU ETS 公正、公平与公开的原则。

（二）欧盟碳排放权交易体系的供求机制

签署京都议定书的欧盟各成员国通过 NAP 申报所获得的碳排放配额，通过各国政府再次分发至国内的各履约企业。EU ETS 因其不同阶段的分配制度与规则的不同，其市场内供求主体与供求机制也略有不同。随着 EU ETS 的运行与发展，各阶段内相继引入的其他补充交易机制丰富了交易市场的供应来源。此外由于金融机构的积极参与进一步丰富了市场内的交易产品的多样性。EU ETS 经过第一阶段的试运行、第二阶段的摸索与第三阶段的平稳发展，EU ETS 的供求机制也得以逐步完善。

1. 供求机制的经济学分析

首先，EU ETS 供求机制的建立基础离不开最基本的经济学机理。国际法律框架及体系自身的政策制度支持，令原本不受限制的温室气体排放行为成为一种稀缺资源，进而使得 CO_2 排放权利具有可交易价值。同时企业的生产与运营行为的最终目标是创造经济价值获取经济利润，企业通常会采用成本较低的方式来提升自身的经济效益。因此减排企业在自身碳排放配额富足的前提下，必定选择出售多余配额的方式获取经济效益，而超额排放的企业将选择成本较低的通过市场购买配额的方式避免高额的罚款，EU ETS 的供求机制的平稳运行也正是建立在此基础上。

其次，供求机制的建立也是所有权派系及科斯定理的现实应用。诺贝尔经济学奖获得者于 1937 发表的《厂商的性质》的论文被认为是所有权理论的起始，而随后的论文《社会成本问题》中的论点被学者命名为著名的"科斯定理"成了产权经济学研究的基础。明确产权和交易成本作为科斯定理的两个前提条件，使得"所有权"这一概念被学者普遍接受。

EU ETS 正是基于"碳排放所有权"这一概念而建立，其市场交易的 EUAs 及 CERs 即为可向大气排放的 CO_2 的权利。EU ETS 亦可视为管理和买卖温室气体排放权利的系统。其交易体系的建立体现了科斯定理在保护人类生存生活环境、有效可控全球变暖等方面的应用。

（1）是产权明晰

为了有效地控制人类生产过程中大量排放的 CO_2 导致全球变暖的问题，必须要解决 CO_2 排放的外部不经济效应的问题。作为人类生产生活的必要条件，排放 CO_2 一直被视为全人类共有的权利，单个限制某个单位或团体的排放量会使得矛盾日益尖锐，因此需建立完善的管理 CO_2 排放的制度。由于碳排放权利作为一种具有非排他性和竞争性的公共资源，难以简单地界定其私有产权。EUETS 所制定的配给制度将 CO_2 排放权利这一公共资源明确的划分给其体系内的各成员国，使得各成员国政府和市场相结合来解决因 CO_2 排放的外部不经济效应问题。即 EU ETS 及各成员国政府运用政策法规进行调控的同时，将可排放 CO_2 的权利纳入市场配置的轨道，通过市场供求机制调节等手段，最大地发挥碳排放权利的经济效益，从而有效地控制 CO_2 排放量，从而减缓日益恶化的环境问题。

（2）利用产权交易实现碳排放权优化配置

EU ETS 参与国内的能源密集型企业，自身需支付用于生产能源的原料如煤、石油等，此外还有生产过程所必需的劳动等，但这些仅为"私人成本"。在生产过程中排放的废气，废水则是社会付出的代价。在仅计算私人成本的前提下，企业可以获得利润，但从社会的角度看，可能付出的代价更多。通过政府出面干预，例如以征税的方式来控制这些企业的生产量从而控制其生产过程中的排放量或许行之有效。但是，恰当的规定税率以及全面有效的征税也要产生巨大成本。

EU ETS 正是在明确的碳排放权前提下所建立，通过限制各成员国及国内各企业或团体可 CO_2 排放权利来实现优化配置。如一国家、单位或团体超过了其被允许的排放量，则需要付出额外费，从而导致成本提高，产量因此就会减小。同时如某单位或团体在规定时段内未用掉所拥有的排放权利，则可在市场中出售所拥有的权利，从而使生产成本下降，进而可能在下一时段加大产量。当超过配额的单位或团体需要支付的赔偿费用高于其他单位或个人出售的排放权利的价格时，超额排放方则会选择购买其他方出售的权利。

根据产权归属不同，使得收入分配不同，拥有产权一方可以从中获益，而另一方则必须支付费用来购买对方权利。由此，可以使相同产量下，排放量更少或污染更小的企业获得更多利益，从而使得碳排放权这种稀缺资源流向利用效率较高的部门。可以说，通过 EU ETS 能够有效推动碳排放权"从归属到利用"的转变。碳排放权在市场上的交易，对交易双方意味着成本和收益，碳排放权的经济价值突出，人们自然会高效率地使用它，进而实现对碳排放总量的控制与管理。

再次，供求机制映射了"博弈论"的内涵。博弈论（Game Therory）又可以称之为对策理论，通过对影响主体对策行为的因素的研究来分析主体采取决策的均衡问题。通常博弈论的主要包括参与人、行动、信息、策略、收益等等，其中参与者、策略及收益是博弈论中最基本要素。

（1）发达国家与发展中国家之间的博弈

作为不同行为主体的发展中国家与发达国家，在气候谈判中的博弈过程直接影响着双方的低碳经济与碳排放权交易体系的进程与发展路径。特别是哥本哈根协议阶段中，发达国家集团与发展中国家集团间的矛盾反映在双方集团针对温室气体减排的涵盖国家范围的讨论中，双方各自处于自身利益考虑进行的激烈博弈。发达国家担心对国内企业因温室气体排放限制会直接导致其生产与发展成本加大，从而令国际竞争力下降；同时发展中国家在发展经济与改善居民生活的双重压力下，在限制温室气体排放方面不仅需要发达国家提供技术与资金支持，同时就温室气体排放受限时间的具体问题也同样力图获得最大利益。发展中国家与发达国家之间都从符合本国利益出发，就构建碳排放权交易体系的问题进行着博弈选择，同时各发达国家也同样根据自身的经济发展状况选择是否建立限制温室气体排放的交易体系。例如美国政府就以对 CO_2 等温室气体排放行为的限制会对美国经济产生严重影响为由，拒绝成为议定书缔约国；此外澳大利亚在本国碳排放权交易体系建立的数年后，出于政策原因暂时停止了该体系的运营，而本来计划执行的统一碳排放权交易体系又因政治原因被再度拖后。

（2）是政府与企业之间的博弈

在国家节能减排体系背景之下，企业就自身利益出发与政府间的博弈不仅影响着国家碳排放权交易体系的平稳发展，同时也对市场的公平性产生深远影响。国家出于对本国企业的保护以及促进碳排放权交易体系的快速发展，政府通过减排补贴等政策扶持能够更好地激励参与减排企业的积极性与实际减排力度。然而由于信息不对称，政府所获得的企业减排信息通常是由企业自身呈报，政府需根据报告进行判断，而其判断的准确性取决于企业实际减排数据的有效性及真实性。然而，企业在更高利益的驱动下，往往呈交温室气体排放报告的真实性会大打折扣，通过夸大减排量或是通过降低申报的温室气体排放量获取减排补贴等行为往往会使企业获得额外收益。此外，基于历史排放数据设定的排放配额总量也同样会使企业在收集数据前的一段时期加大自身排放量，以增加历史排放量，从而获得更多排放配额。而整个交易体系及市场内是否存在过量的排放配额，则会一定程度影响供求机制的运行情况。在此背景之下，国家政府是否采用审核体制及审核部门的力度也影响着碳排放权交易体系中排放配额的供求关系。

2. 供求主体

EU ETS 的供求机制中的需求主体相对单一，EU ETS 参与国的受控减排履约企业通常是碳排放权交易市场中的需求者。而供给方面，减排能力突出的企业在排放配额未使用完的前提下，也可以成为市场碳排放配额的供给主体。此外，通过清洁发展机制与联合履约机制的引入，EU ETS 以外的国家通过对减排项目的核证出售可以成为 EU ETS 的供给者。供求双方通过交易平台对欧盟排放配额（European Union Allowances，EUAs）及减排项目的核证减排（Certified Emission Reduction， CER）进行交易构成了 EU ETS 的供求机制。EU ETS 不同阶段因制度与机制的不同，其市场交易产品 EUA 和 CER 的供给方与需求方的主体及数量发生变化。

（1）EU ETS 运行的第一阶段（2005–2007）

此阶段，履约企业根据不同时段的实际碳排放量，在不同时期扮演者市场供应者或市场需求者。EU ETS 的第一阶段的市场供给方主要来自排放量低于实际配额的减排企业，而需求方则是实际排放大于分配配额的超额排放企业。由于第一阶段的政策规定，市场交易仅限于欧盟成员国内部，因此在总额市场分配条件下，其供给与需求通过市场内的参与者对 EUAs 的交易进行转换。

（2）EU ETS 第二阶段（2008–2012）

EU ETS 在第二阶段引入了 CDM 与 JI 市场机制，履约企业可以通过购买第三方国家的 CER 获得减排抵消。CDM 市场是基于京都议定书下的清洁发展机制建立的。其目的是作为总额配给计划的补充，给条约内的团体、公司和单位等可在世界各地范围内不受京都议定书约束的发展中国家建立特殊项目获得节能减排额度的制度。CDM 市场不仅可以有效地对总额配给制度市场的平稳发展起到辅助作用，更重要的意义在于鼓励条约内的各个成员单位加大力度发展清洁能源项目工程，从而实现真正意义上的长远战略的减少或控制温室气体的排放。此外，金融机构在 EU ETS 这一阶段开始发挥重要作用，能源投资机构、商业银行、环境投资基金的参与使市场内的交易产品多样化。出于推动 EU ETS 可持续发展及环境发展投资的目的，金融机构对碳排放配额及其衍生物的推出加快了 EU ETS 的供求流动性。同时对于 CDM 市场减排项目投资提升了国际市场 CER 的引入市场的过程与周期，加快了 CER 在交易体系的流动量，增加了企业购买的积极性。在此背景之下，EU ETS 的配额需求方可以从体系内的其他市场供给者处购买 EUA 或是通过购买第三方国家 CER 的方式来满足自身需求。

（3）EU ETS 第三阶段（2013–2020）

欧盟委员会对 EU ETS 第三阶段供求体制做出较大调整，首先从市场需求量入手，通过分配机制提升拍卖配额的比例，使更多的排放受控企业要依靠在市场购买碳排放额度进行生产排放。其次第三阶段覆盖行业范围将逐渐拓展，计划把前期未列入的交通、农业、建筑等行业加入其中，从而使市场对排放配额的需求者增多。在市场配额供应方面，通过整体配额总量的缩减令排放配额的稀缺性提升；同时对履行减排企业使用 CER 的条件进行严格限制，要求可使用的 CER 必须来自经济发展水平极为落后或极为贫穷的国家及地区的项目。目前 EU ETS 中对碳排放配额的需求仅为欧盟排放受控履约企业，而由于全球各发展中国家的节能减排项目都可为欧盟碳排放权市场提供 CER，使得市场内的 CER 供应量远大于市场需求量。

（三）补充机制

1. 清洁发展机制

清洁发展机制的总体设计思路为，在第三世界发展中国家开展的清洁能源或环保类项目，在通过专门机构对其减排效果及减排能力进行审批后发放相等的碳排放权利。为了协助发展中国家的低碳产业发展，对 CDM 的项目除了较为敏感的行业有所限制外，并未对项目的技术有明确要求，从而降低发展中国家的 CDM 项目开展难度，清洁发展机制项目主要以可再生能源项目及工业能效提高项目为主。

在 CDM 市场机制下，EU ETS 的成员国可以通过购买非附件一国家的清洁发展机制项目产生的经核证的 CO_2 排放权（CER）抵消其承担的部分减排义务，或是通过对非附件一国家的 CDM 项目的直接投资、技术转移、收购股份等方式，以双方约定的方式在 CDM 完成交付获得 CER 减排后，遵循约定获得排放抵消。

在通过联合国注册之前，对于不同阶段的 CDM 项目 EU ETS 为其提供不同的交易市场，如已经通过联合国审批的 CDM 项目获得 CER 后，即可在 EU ETS 的 CER 现货交易市场进行出售；同时尚未完成的 CDM 项目或处于审批过程的 CDM 项目的 CER 期货与期权可在特定市场进行流通。项目设计文件（PDD）中估算的 CERs 由于尚未获得联合国的核证、签发，被称为初级 CERs。这类处于开发阶段，尚未产生的 CERs 由于在项目的开发，审定，注册，运行，监测，核证，交付等各环节均存在风险，因此目前 CER 的现货价格要高于 CER 的衍生品。

CDM 市场内的参与者：主要由京都议定书内的欧盟各成员国国内的企业或团体；清洁发展机制项目所在的东道国；此外 CDM 咨询公司及经纪商在市场中扮演促进媒介；双方国家所在的政府在项目合作过程中的起到管理作用；联合国注册审批部门作为监管者调控 CD 市场的 CER 总量与有效性。而 CDM 市场的 CER 主要参与主体为 CDM 的投资者及 CER 的需求者。值得注意的是 CDM 市场中，项目咨询公司、经纪商及金融机构作为推动媒介也近年来逐渐扮演重要角色，对推动 CDM 机制市场发展及与 EU ETS 的连接发挥着重要作用，目前各国咨询公司还在积极地对 CDM 的项目类型与交付方式进行开发。

通过 CDM 项目审批获得 CER 核证、签发后可流通在 CDM 市场，而不在京都议定书内的发展中国家即为市场的供给者，其主要来源于中国、印度、东南亚、南美及非洲各国。来自欧洲或其他发达国家的能源公司、化工公司、贸易公司及金融机构等成为 CDM 市场的主要需求者。

2. 联合履约机制

同 CDM 市场机制一样，JI 市场机制同样属于京都机制下的三种市场之一。JI 市场机制同样作为 EU ETS 市场体系的补充与 CDM 市场机制发挥着相同的作用。CDM 市场和 JI 市场间的区别在于，CDM 市场项目来自发展中国家，如中国、巴西等国；而 JI 项目的东道国则是以俄罗斯、乌克兰等国为代表的非 EU ETS 欧洲国家。此外，对 EU ETS 各级市场供应的抵消配额称呼也有所区别，来自 CDM 项目的抵消排放量被称为 CER，而基于 JI 项目的减排核证产品为 ERU。同样作为 EU ETS 配套的抵消市场，两者除了项目所属国不同及产品称谓略有区别外，来自 JI 市场的 ERU 并未在 EU ETS 第一阶段的市场内流通。随着 EU ETS 第三阶段对欧盟企业使用来自 CDM 市场的 CER 的条件更为严格，由于 ERU 的使用尚未被限制，目前 EU ETS 补充市场中 ERU 的流通有所提升，但未来 JI 市场的 ERU 也不排除有受限的可能。

（四）欧盟碳排放权交易体系供求机制运行的经验

EU ETS 供求机制与价格机制有着联系密切，市场碳排放权利的供需关系将直接影响其价格的走势，EU ETS 的第一阶段与第二阶段都成出现过市场配额价格剧烈波动的情况，因此 EU ETS 的供求机制曾一度遭受质疑。从宏观角度来看，EU ETS 在经历近十年的发展过程中，尽管由于供给与需求的市场现状令供求关系失衡，但良好完善的供求机制保障了 EU ETS 市场交易量的逐年增加与规模的扩大。此外，通过 CDM 与 JI 两种市场机制的链接，构建起 EU ETS 内部参与国际市场的链接，丰富了 EU ETS 交易市场产品种类。尽管由于 EU ETS 的需求主体来自欧盟成员国的减排企业，由于前两个阶段整体排放配额量化相对宽松、覆盖行业范围有限以及自身需求能力有限，使得总体市场内排放配额供大于求。但 EU ETS 在第三阶段对自身供求机制加以改进，通过减少排放配额总量及提高抵消配额门槛的方式，改变目前市场的供求现状。尽管因时间的限制，成效并不显著，但随着时间的推移，相信通过 EU ETS 供求机制的自身调节，市场的供求关系能保持在均衡水平。EU ETS 第三阶段对供求机制的调节，展现出其机制的可调性与灵活性，不可否认 EU ETS 成为全球最成功、交易量最大、供需流动最快的排放权交易体系，较为完善的供求机制是其成功的必要条件。

四、欧盟碳排放权交易体系的价格机制

2005 年 EUETS 正式启动，由最高管理部门—欧盟委员会提案，对其配额方式、交易程序、审批过程及登记途径等基于《京都议定书》、UNFCCC 等法律框架做出了明确规范。EU ETS 的碳交易市场的价格受到来自市场需求、投资策略等等内在因素的影响，同时碳交易市场的价格同样也受到气候与环境因素、能源价格、经济环境、短期及长期政策等方面的制约。自 2005 年欧盟碳排放权交易体系形成至今，已完成了第一阶段及第二阶段的建立摸索期及适应期，并步入了欧盟碳排放权交易体系的第三阶段的初期。

EU ETS 在前两个阶段，其市场碳配额价格一度出现大幅波动，令整个碳排放权市场信心动摇。但值得注意的是，EU ETS 作为全球首个多国参与的碳交易市场，由于缺少可参照的经验与教训，在建立初期市场上出现非预期的波动与震荡也在所难免。此外，由于外界客观环境的影响，在 2008 年发生的全球金融危机使得 EU ETS 的碳排放权价格出现了相对较大的波动。EU ETS 的价格机制在诸多不利的条件下，总体来说还是体现出有效性，为欧盟境内排放受控主体提供了相对平等与完善的交易平台，并且达到了控制发达国家碳排放量的目的，保障了欧盟对京都协议中所设目标的达成。

（一）欧盟碳排放权交易价格的形成机制

目前 EU ETS 的实际交易品为向大气中释放 CO_2 的权利，随着日后的发展根据《京都议定书》协议内容，EU ETS 按计划会将包括 CO_2 在内对环境产生负面影响的温室气体也纳入其中。随着 1992 年 UNFCCC 的生效及 1997 年《京都议定书》的正式签订，对其附件一所列的发达国家 CO_2 排放总量有了明确的法律约束。为了配合条约的顺利进行以达到全球节能减排进而遏制全球变暖问题的目的，《京都议定书》设计了相应配套的 CO_2 排放权交易框架与机制，目前全球各国的碳市场多数是基于京都协议下的排放贸易机制、清洁发展机制或联合履约机制建立而成。《京都议定书》的签订令温室气体的排放权利变为了一种受法律制约与保护的稀缺资源，从而使得 CO_2 等温室气体的排放权拥有了交易价值。

以《京都议定书》和 UNFCCC 等一系列相关法规使得温室气体的排放权成为商品进行交易的活动成为可能，各地区及国家依据国际排放贸易机制建立具体地区的排放权贸易平台，其管制的主要对象为境内市场参与者，即境内企业或团体。EU ETS 正是建立于《京都议定书》框架下，欧盟范围内的温室气体排放权交易系统，其体系内主要的管制对象与交易主体多为欧盟各成员国的企业。

EU ETS 的排放权价格形成同样基于温室气体排放权成为稀缺资源后，市场各参与主体对此类资源的需求程度。EU ETS 的配给方式采用总量控制交易，根据各成员国的历史排放量把排放配额分配至各个国家。各成员国在根据本国企业具体排放情况将其进一步划分，通过免费配额发放及拍卖等形式分配给排放主体。各排放主体所获得的排放权根据企业的具体排放情况可能出现排放权紧缺或充裕等情况，排放主体可以通过二级市场对其进行交易以满足自身需求。此外，对于实际排放量超过所获配额的排放主体会受到一定数额的罚款，因此碳排放配额不管是通过拍卖的方式或是通过二级市场交易，其价格的上限都无法超过所受罚金。同时，通过联合履约机制及清洁发展机制建立了欧盟碳排放权交易体系的参与国与其他发达国家或发展中国家的纽带，利用在第三方国家的节能减排项目取得的核证减排，即可获得相应的温室气体减排信用。此外，能源投资机构及金融机构推出的碳金融衍生产品在现货与期货市场的流通业进一步完善了 EU ETS 价格机制的形成。

（二）欧盟碳排放权市场交易价格的运行

EU ETS 的一级市场与二级市场中碳排放权的交易价格体现了其在市场内作为一种稀缺资源的价值，在 EU ETS 的市场中，碳排放权作为商品流通的平台主要是其二级市场。一级市场是对碳排放权进行初始分配的平台，无论是产品种类、市场供应量、整体交易量和交易金额等方面，其活跃程度都远不如二级市场。本节从将 EU ETS 的市场结构与基本构成要素层面，对产生碳排放权价格机制的运行结构进行分析。在经历长期发展过程中 EU ETS 随着经验的积累，碳排放权交易市场的运行体制已经相对完善，市场供需水平已经能很好被市场价格所反映。对 EU ETS 价格运行的分析，能为我国建立统一碳排放权交易体系时，对市场制度的制订、价格机制的运行设计等提供宝贵经验。

1. 碳排放权交易市场的结构与基本要素

碳排放权交易体系的建立与运行带动了围绕碳排放权交易的各类经济活动，碳金融市场则是在此背景下产生的新兴市场。碳金融市场是从事"碳"投资活动的双方借助金融工具进行相关资金交易的平台。随着人类对环境问题特别是温室气体导致全球变暖问题的关注度提升，碳金融市场如同传统金融市场一样，近年来成为学术界研究的新对象和金融创新的主要目标。基于传统金融市场制度，为迎合新兴碳金融而搭建而成的市场，为碳排放权交易价格提供了舞台。银行、证券、保险等传统金融机构推出的与碳相关的金融产品及衍生产品，正随着碳排放权交易市场的发展变得更为完善。

目前，全球碳金融飞速发展的原因要归功于《京都议定书》与 UNFCCC 两部法律框架和"赤道原则"这一投资银行的准则，在此框架下不同市场交易主体基于自愿或强制地对排放配额或减排项目的交易，形成四个按区域划分的不同层次市场，分别为多国区域综合合作、国家级统一市场、地区或区域级市场及零售市场等。

根据对《京都议定书》的执行情况可以把全球碳金融市场被分为京都市场和非京都市场,例如以 EU ETS,CDM 市场和 JI 市场为代表的京都市场;以自愿实施的芝加哥气候交易所(CCX)、强制实施的澳大利亚新南威尔士气候减排体系(NSW GGAS)和零售市场等非京都市场。按照自愿与强制的交易动机划分的强制履约市场和自愿碳市场。其中强制市场通常指《京都议定书》框架内的碳排放市场,是全球碳市场的中坚力量,无论是市场规模还是交易数量都大于自愿履约市场,但因自愿市场能够更好地反映市场供需关系,所以近年来得到了快速发展。

按照交易机制的划分,全球碳金融市场可分为配额市场与项目市场。配额市场是基于对排放配额的交易,通过不同排放总量与分配方法的影响下,碳排放配额被赋予市场价格,市场中各参与主体可进行自由交易。目前全球正在运行的碳金融市场多为配额市场,例如京都配额市场 IET、EU ETS、RGGI、芝加哥气候交易所(Chicago Climate Exchange,CCX)、中国两省五市碳排放权交易试点等。而基于项目交易的市场原理为基准和信用的交易,当项目完成后所产生的碳信用额,经过核证即可在项目市场中进行交易,减排量分别为 CER和 ERU。

EU ETS 属于建立在《京都议定书》法律框架内多国区域综合碳排放权交易市场,以总量控制为减排手段,为体系内各参与国从事碳排放权交易的京都市场。EU ETS 也是目前全球覆盖国家最多、碳排放配额交易量最大的目前以减少二氧化碳排放为目的的碳交易市场。

2. 影响价格运行的交易主体

随着 EU ETS 的发展及完善,目前已从政策执行工具,逐渐演变为以"碳"为主题的金融融资平台。碳排放权的需求方可以通过交易平台从拥有碳排放权的供给方通过交易进行碳排放权的转移,此外市场中的相关碳金融机构、基金及服务机构加快了市场效率,促进了市场价格的形成。根据各参与主体的目的可以划分为参与者、投资者、推动者,以及中介机构。碳金融交易市场的参与者角色不同,发挥的功能也各不相同。

(1)碳排放权的供求双方。在配额市场与项目市场的交易体系内,各方市场的参与者有所区别。由于 EU ETS 与京都协议的其他两类市场机制进行了紧密衔接,因此 EU ETS 市场的供求者中,既包括了传统配额市场的参与方,同时 CDM 项目市场及 JI 项目市场中的参与方也可被视作 EU ETS 市场的供求主体。另外作为最终购买者的欧盟减排企业也同样属于 EU ETS 市场内的主要供求者。

（2）投资者。碳基金、银行金融机构和私人资本公司等作为全球碳金融市场投资者，在维持全球碳金融市场的稳定运行中有着重要推动作用。碳基金作为专门为减排项目融资的投资工具，通过对减排项目投资的方式购买碳信用或是直接购买项目市场的碳信用。碳基金设立方式的不同其主要任务也有所不同，通常由政府设立的碳基金通过对减排项目购买，使国家的温室气体排放总量达到《京都议定书》的目标，同时通过投资等手段协助国内目标企业实现温室气体减排目标，提高能源利用效率和低碳技术的研发。国际组织及机构设立的碳基金则侧重《京都议定书》框架的可持续发展，平衡全球各区域的减排发展。而由企业管理出资的碳基金则通常以营利为目的，通过购买减排项目后的转卖过程获取利润。

银行金融机构对全球碳金融市场的参与时间相对较晚，"赤道原则"的提出才真正意义上带动了银行类金融机构对碳市场的参与积极性。因"赤道原则"对银行的衡量标准加入了对环境与社会的贡献因素，在 EU ETS 第二阶段欧盟银行机构逐渐发挥作用。银行金融机构在碳金融市场中的作用不仅局限于投资活动，同时在碳金融市场中发挥着重要的推动作用与协调作用，例如推出碳信贷业务。欧洲投资银行（EIB）及其他区域性机构针对区域内的低碳技术研发和低碳项目的融资提供资金支持。

近年来私人或民营资本公司在 EU ETS 市场中也越发活跃，这类公司基于营利为目的在 EU ETS 市场中积极的展开投资行动。例如 RNK 资本公司针对相关环保产品及各排放权交易市场的排放配额进行投资，通过转卖的方式获取利润；Mission Point 公司近年来的投资策略偏向低碳技术、能源服务型公司等等。

（3）监管者。作为维护碳金融市场秩序重要部门，监管者的主要职能体现在维护市场价格稳定运行方面。EU ETS 价格运行的法律框架主要依据 UNFCCC，《京都议定书》和欧盟委员会颁布的具体条例。而欧盟各国政府和现有相关行业监管部门则是 EU ETS 价格运行的主要监管者。另外，联合国对 CDM 与 JI 项目的审批部门也担任着 EU ETS 配套市场的监管工作，其监管力度也同样影响市场内的供需平衡，进而影响着 EU ETS 价格的运行。

（4）碳金融交易市场中介机构。碳金融交易市场中介机构通常为服务性质的公司，通过出售服务的方式获取利润。如碳资产管理公司、信用评级公司、审计服务公司、碳交易法律服务机构、碳金融信息服务机构、碳交易咨询服务机构等。无论是市场参与者与投资者通过中介性质的服务公司提供的信息与服务降低交易成本、缩短交易过程或信用审批周期，此类中介机构对加快全球碳金融市场的发展速度有着重要意义。

3. 与价格运行状态密切相关的交易工具

EU ETS 的交易工具主要为市场内流通的 EUA，CER 及 ERU，同时还包括了基于上述产品的衍生产品，如 EUAs 和 CERs 的期货与期权产品等。其中随着欧盟市场规模的逐渐扩大，EU ETS 的碳排放配额产品 EUA 和配套流通的 CER 的现货与期货产品成为全球较具代表性的碳金融工具。而基于产品功能的性质，碳金融工具可以划分为现货交易工具和衍生碳金融工具。在 EU ETS 市场中，最初出现的碳金融交易工具便是碳排放权的现货交易，目前主要流通的碳金融产品有 EUA 现货、CER 现货和 EUA/CER 差价现货。

随着碳金融市场的不断发展与规模的扩大，为了满足日益壮大的市场需求，相关金融机构在原有产品基础上派生出的碳金融产品衍生品也相继被推出。碳金融衍生工具是基于原交易工具而开发出的金融产品，其中包括抵偿信用的远期合约、碳排放配额期权及期货。碳金融衍生工具的价值与基础产品的价格密切相关，其开发的主要目的是为了规避风险与提高风险管理能力，碳金融衍生产品的交易与现货交易的区别在于不伴随配额或抵偿信用的实际交割与转让。目前 EU ETS 市场内主要流通的衍生碳金融工具为 EUA 的期货与期权、CER/EUR 的期货与期权产品。由于其具有规避风险及保值的作用，在市场的被关注度逐步提高，其交易量及交易金额也逐年扩大。衍生产品的交易过程通过公开竞价方式进行，因此在整个过程中透明性及公平性相对较高，其价格更能客观地反映出市场的供需关系，因此碳金融产品衍生品的价格更具市场指导性。

EU ETS 在 2005 年正式运行后，分别在一级市场推出了 EUA 的期货及期权产品，及二级市场内可流通交易的 CER 和 ERU 期货及期权产品。EU ETS 的建立与运行为碳金融衍生产品市场的发展提供了前提条件，目前 EU ETS 市场的各类产品交易总额中衍生产品占据了绝大比例。2011 年 EU ETS 的各级市场中 EUA 现货交易额约为 28 亿美元，仅占 EUA 市场份额的 2%，而 EUA 期货市场的交易金额约为 1308 亿美元，占 EUA 市场份额的 88%，剩余的市场份额的 10% 来自 EUA 期权交易。EUA 期权交易市场自 EU ETS 进入第二阶段表现活跃，交易额从 2008 年约占 EUA 市场份额仅 1% 的 6 亿美元迅速增长至 2011 年的 142 亿美元。由于 EU ETS 期货及期权碳金融衍生产品市场的规模扩大，衍生产品的市场价格对原生产品的定价能力更强。随着 EU ETS 价格机制的日渐完善，市场内衍生品价格与原生品价格的差异走势日渐平稳化，其衍生产品市场已经成了 EU ETS 定价机制中不可或缺的部分。

4. 碳金融交易的定价体系

碳排放的权利在法律框架下成为一种稀缺资源，因此具有了可交易的价值与商品的性质，由于交易形式的不同对碳排放的定价机制也不尽相同。全球目前对碳排放或碳价格进行定价的体系主要分为三类，即对排放权赋予价值的碳排放权交易体系，以税收形式出现的对碳使用价格直接定价，以及通过设定能源化石燃烧税、取消化石原料补贴优惠的间接定价。

目前，全球有超过 40 个国家及 20 多个地区对碳排放引入了定价机制或计划实施，约占全球总排放的 12%，大部分定价方式采用排放权交易体系和碳税方式直接对碳排放定价。欧盟在对碳金融交易的低价体系选择方面，建立起以排放权市场交易为模式的 EU ETS，其定价的形式通过主要利用市场内排放配额的供需关系进行定价。

（三）欧盟碳排放权交易体系市场定价机制分析

在经济学领域中对经济市场背景下的定价机制的定义为价格由市场供需关系决定，当供过于求时价格下跌，需求大于供给时则价格上涨，通过市场定价机制可以实现资源的最优配置。根据相关学者对碳金融市场定价机制的分析，其概念分为广义定价机制与狭义定价机制两种。狭义上的定价机制特指为对碳排放配额及碳减排信用等市场产品的定价方法；广义上的定价机制包含了价格形成过程以及定价过程中各影响因素之间相互关系的完整集合体。总体来看，健康、完善的碳金融市场为市场内的参与主体提供成熟与规范的交易平台，在明确与清晰的交易框架内进行交易，并能够通过规范与科学的交易机制形成合理的市场价格，则构成了完整的碳金融市场定价机制。其中市场的碳交易平台、市场供求关系、交易机制、定价方法、法律与政策被认为是碳金融交易定价机制的基本要素。

欧盟作全球环保领域的带头者，为实现京都议定书的减排目标，率先构建了 EU ETS。通过欧盟前两个阶段的探索与实践，其碳金融定价机制相关的法律和制度建立也较为完善，已建立起一套相对完善的碳金融价格机制以保障整个体系的稳定运行。本节将对 EU ETS 市场定价机制的主要要素进行阐述与分析。

1. 欧盟碳排放权交易平台

随着全球对温室气体排放问题的关注，多个温室气体排放权交易市场已经在世界各地形成，其中发展速度较快、比较具有代表性的排放权交易平台大多构建于欧美等发达国家。EU ETS 作为全球第一个排放权交易体系，其规模与交易量位于世界首位，因此也推动了碳排放权交易平台的飞速发展。近年来随着欧盟境内碳排放权交易平台的日益活跃，吸引了广泛的碳金融市场参与者、投资者、推动者及中介机构，为全球碳排放权交易价格的形成与运行提供了保障。目前如欧洲气候交易所（ECX）、欧洲能源交易所（EEX）、北欧电力库（Nord

Pool）和 BlueNext 环境交易所等在 EU ETS 碳排放配额的交易中发挥了重要作用。又如美国芝加哥气候交易所作为北美地区性排放权交易体系的主要交易平台，不仅在北美排放权交易领域发挥重要作用，因其设立在欧洲的分支机构 ECX 的活跃，连接了北美与欧洲的碳金融市场间的交流与沟通。

EU ETS 的交易平台主要以碳交易所的形式构成，由于 EU ETS 目前的交易量及交易金额在全球碳金融市场交易总量中占主导地位，因此世界范围内规模较大、成交量较高的碳交易所几乎都设立在欧洲。根据汤森路透的统计，2005年至 2008 年欧盟境内的几个主要交易所的 EUA 交易量占据了 EU ETS 市场 EUA 交易总量的近九成。欧盟境内的碳交易所为 EU ETS 市场内的参与者提供了对碳排放配额及减排碳信用的交易平台及设施，同时交易所提供的配套服务方便双方能及时准确的获得相关交易信息及市场信息，提升了交易活动的有效性和规范性。

随着 EU ETS 不断地发展与完善，欧盟交易所行业的竞争也日渐激烈，自2005 年随 EU ETS 正式运行而相继建立的碳交易所也由于各方面原因进行了合并或并购，例如 2005–2008 年 EUA 交易量最大的 ECX 交易所就与 ICE 洲际交易所进行战略合作，把旗下部分业务交由 ICE EUROP 代理。

通过数年的发展与行业淘汰，目前欧洲碳交易所的功能日渐完善，碳交易所的即时价格已经能够快速与及时地反映出市场的供需关系。目前欧盟境内各碳交易所的交易总量及交易总金额都遥遥领先全球其他国家及地区，因此欧洲碳交易所内的现货与期货、期权价格已经成为 EU ETS 乃至全球定价机制的风向标与重要参考指数。

不同的碳排放权交易所在构架与运行机制等方面会有所不同，从参与主体、参与方式、交易品种、交易产品、计价货币、交易系统及参与 CDM 市场情况等七个方面对目前主要碳交易所进行比较。同时，根据目前 EU ETS 内主要碳排放权交易的发展，可以归纳出以下几点特征：

（1）碳交易所与相关金融机构的合作日益增多

通过数年的发展，全球碳金融市场先后出现了多个碳排放权交易所，这些交易所通过合并或收购的方式扩大自身规模以适应日益激烈的行业竞争。例如曾经作为全球主要的环境金融工具的交易平台 Blue Next，其前身为 Powernext 能源交易所，由纽约泛欧交易所集团（NYSE Euronext）和法国国有银行信托投资银行（Caisse des Depots）共同收购其碳排放权交易市场后更名为 BlueNext；此外，如 ECX 出于运行需求，将结算工作交给洲际交易所（ICE）代理；EEX 则通过第三方监管及清算与欧洲商品结算所（ECC）合作以促进对市场信息的及时披露。

（2）全球交易所的结算货币以欧元为主

目前 EU ETS 作为全球最活跃的碳排放权交易体系，欧盟境内的碳排放权交易所的数量最多、规模较大并且发展成熟。由于全球较成熟的碳排放权交易所总部普遍坐落在欧洲，而 EU ETS 又是以欧元为计价的碳排放权交易体系，因此全球碳现货市场及衍生产品市场的交易也通常以欧元为计价单位。尽管北美区域的排放权交易体系以美元作为计价单位，但因其规模相较欧洲很小。如保持目前的发展趋势，未来全球交易所的结算以欧元作为通用货币的可能性很高。

（3）碳排放权交易所价格功能明显

随着全球碳排放权交易体系建立后，对全球温室气体的排放控制起到了明显效果，特别是对《京都议定书》阶段目标的完成情况得到了广泛认可，在此背景下，碳金融交易市场也得到了快速的发展。各碳金融交易市场激烈的竞争，促使碳排放权交易所致力于提升自身的水平与功能，碳排放权交易所内的价格走势已经逐渐成为全球碳排放价格的风向标。例如 BlueNext 的碳排放价格走势在 2013 年以前一度成为国际碳现货价格的参考依据；而国际碳期货市场的价格主要参考目前 ECX 的碳期货合约价格。

（4）碳排放权交易所前景不定

尽管碳排放权交易所随着全球排放权交易体系相继建立与碳金融市场快速发展而日益完善，但目前全球碳排放权交易所内交易的产品基本以 CO_2 排放权为主，其他温室气体的交易普遍未被涉及，因此碳排放权交易所的影响力仍有待提高。同时由于全球碳价格的剧烈波动以及持续走低的影响，碳排放权交易所的发展也受到冲击。

另外，因风险防控措施的漏洞与国际碳排放谈判的不确定因素，碳排放权交易所的前景也不容乐观，即便是作为全球规模最大的碳排放权交易所 BlueNext，一方面由于风险管理漏洞发生增值税欺诈问题，另一方面因未能拿到碳配额交易许可于 2012 年底永久性关闭。

2. 决定市场价格运行轨迹的供求关系

商品的价格主要取决于市场内的供求关系，如果市场供求现状能如实的被商品价格所反映，则可以认为该商品的交易体系能够有效地配置资源。碳排放权作为一种稀缺资源后，如同商品一样在排放权交易体系中也具有价格特征，因此碳排放权的价格同样也受到供给与需求关系的影响。

EU ETS 的一级市场可以被视为排放配额 EUA 的市场，在一级市场中 EUA 的交易形式以拍卖更为常见，其交易种类有现货拍卖和期货拍卖。一级市场的供给方来自排放配额的拥有者，其供应量取决于配额的构成状况；而市场的需求则是 EU ETS 内的减排履约企业，其需求量大小取决于企业的实际排放量及超额排放受到的惩罚额度。EU ETS 二级市场分为二级现货市场与二级衍生品市场，二级市场内主要流通产品为已产生减排信用或配额。EU ETS 二级市场的供给方通常为减排项目的东道国、减排项目的投资者或中间商，其供给量取决于减排项目的成本及核证减排后的数量；与一级市场相同，二级市场的需求方同样为 EU ETS 缔约欧盟成员国内的减排企业。

欧盟履约成员国国内的受控排放企业作为 EU ETS 的唯一需求者，尽管随着 EU ETS 规模的扩大加入体系的国家逐年增加、覆盖行业的范围也逐渐扩大，但是相比于来自欧洲其他国家的 JI 项目与来自发展中国家的 CDM 项目的供给量，因此 EU ETS 市场的现状供大于求。

全球 CERs 和 EUAs 的供需平衡严重影响着 EU ETS 排放权价格的走势，根据世界银行统计，2014 年至 2020 年 CERs 和 EUAs 的发放量达到 3500 至 5400MtCO2e，按需求状况来看 2014–2020 阶段的供应量达到需求量的 3 到 5 倍。

3. 影响交易价格走向的交易机制

EU ETS 的交易机制属于基于配额交易的市场，其分配方式主要以免费分配和公开拍卖为主。就一级市场而言，选择分配方式的不同成为碳排放权定价的关键。在 EU ETS 的二级市场中，双方的买卖交易通过竞价来完成，因此最终双方的成交价格在一定程度上影响碳排放权的定价。此外，EU ETS 引入的 CDM 和 JI 机制作为市场补充来完善自身的体系运行，其中 CDM 市场的交易量与交易额所占比重很大。由于 CDM 一级市场信息透明度影响，交易双方对风险的评估不同，市场内 CER 的交易价格偏低且交易很少，因此目前 EU ETS 市场内所交易的 CERs 来自于 CDM 二级市场。在 CDM 二级市场中，由于其项目需经由联合国执行理事会对其进行核证签发，以此 CERs 的标准性和真实性很高，加之其拥有较高的交易效率，因此其市场价格也较高。

4. 碳排放权定价方法与市场价格机制的有效性

目前，全球对针对碳定价机制的方法有很多，如瑞典、挪威、丹麦、芬兰和英国几个欧洲国家曾经或正在利用税收方式对"碳"进行定价，通过固定税率或浮动税率对其具体定价；EU ETS, NSW GGAS, RGGI 及芝加哥气候交易所则采用碳贸易体制对其定价，通过市场的供需关系等因素进行自我调节进而形成当前价格。

EU ETS 基于总量控制交易的原则所构建，因此欧盟市场可以看作是一种对碳排放权进行交易的体系，其价格的走势与波动主要取决于市场内供求关系。目前学者们对具体 EU ETS 碳排放权的定价方法有很多尝试，其中影子价格法和期权定价法比较具代表性，有学者基于影子定价法的分析对欧盟及中国碳排放权价格进行了估算，还有学者利用期权定价法对 EU ETS 碳排放权价格进行了评估。影子价格法对碳排放权的研究结果并不是市场内的实际碳排放权价格，而是通过对影响碳排放权相关变量因素的分析，把碳排放权作为稀缺资源的价值评估。评估利用这种稀缺资源能对生产做出贡献的多少，是影子价格法的估价原理；期权定价法是通过对碳排放期权机制的引入，使市场参与者对碳排放权的购买行为看成一种权利而非义务，从而避免排放履约企业这一购买方对有偿碳排放权分配抱有排斥心理，同时规避因市场价格波动出现的风险。期权定价法的操作是根据对已有价格数据的掌握，通过 B-S 期权定价模型对碳排放权进行定价。

无论是影子定价法还是期权定价法，都是通过现有数据进行数理分析得出的估算价格，其意义在于衡量实际市场价格与估算价格之间的差异，评估市场价格机制的有效性。在经历前两个阶段的市场碳价格剧烈波动后，EU ETS 第三阶段出台的稳定市场价格机制的措施卓见成效，第三阶段 EUA 的市场价格与期权价格的差异日渐稳定。

5. 法律与政策体系对价格机制运行的外部影响

EU ETS 的建立离不开 UNFCCC 与《京都议定书》的法律政策支持，而EUETS 的价格机制也受具体法律与政策的影响。欧盟在 EU ETS 建立及正式运行前通过的《欧盟温室气体排放权交易指令》也成为价格机制运行的外部影响。其指令对能耗行业的 CO_2 排放做出了明确规定，如能源业、冶金业、钢铁业、水泥业及造纸业的企业取得许可后方可进行排放，同时设定了排放上限。此后正式运行的 EU ETS 为受限行业提供了排放权利交易的途径。EU ETS 运行后，体系内的参与国也根据本国情况也相继制定了具体的法案与法规。例如英国在 2007 年制定的《气候变化法案》成为首个在国内立法的对应环境问题控制温室气体排放的国家。《气候变化法案》对英国 2020 年的 CO_2 排放量减排任务做出了详细规定，同比 1990 年的 CO_2 排放量，在 2020 年英国达成了减排2600-3200 的目标，同时为确保减排成果的真实性与有效性，成立了专门的立法委员会及监督部门。通常欧盟与环境及温室气体排放相关法律、政策、法案和指令的颁布内容，都对具体目标都有清晰的规划。而目标达成的难易程度影响着履约企业的减排任务，进而直接影响市场的需求量及碳排放权的定价。同时欧盟各国对碳金融市场法律层面上的完善，也保障了碳金融定价机制的稳定发展。

五、欧盟碳金融市场体系面临的风险

碳金融市场形成后，与其他市场一样，都可能出现市场操纵、税收舞弊等违规行为。欧盟碳金融市场体系建立时间较短，发展速度较快，随着市场规模的不断扩大和交易活动的日趋复杂，它也出现了许多问题，主要涉及网络钓鱼欺诈、内部交易与市场操纵、增值税舞弊、碳价失衡等风险。

（一）网络钓鱼欺诈

欧盟碳金融市场体系与其他网络金融体系一样，面临着网络钓鱼欺诈、恶意网络攻击等操作风险。2011 年初，一起网络黑客利用钓鱼网站窃走价值近5000 万欧元碳排放权的事件，引发了欧盟碳金融市场的"震动"，掀起了人们对"碳排放权交易作为减排政策工具的有效性"的激烈争论。欧盟认为此次失窃事件的发生，主要是由于各国碳交易登记处的独自之营，缺乏统一管理，部分国家在注册系统管理上过度宽松，有些国家注册碳交易账户比开立银行账户还要容易，弱化了安全机制，难以保障账户安全。

（二）内幕交易与市场操纵

地球之友于《在碳交易市场赌博的 10 种方式》报告中提到一种"大肆提高排放最低基准"的碳欺诈方式，即受管制排放企业为从政府获得更多配额的碳排放许可而虚报将来的排放水平。该报告称，2008 到 2020 年期间欧盟五个成员国的电力企业在从政府免费发放的排放配额中获得了 360–1100 亿美元的意外之财。而且，市场操纵者还可以通过交易平台哄抬或压低碳排放配额价格，通过低买高卖进行渔利。

（三）增值税舞弊

增值税舞弊是指不法分子将购买的碳排放权加税销售给第三方，而其所得收入并未向相关部门缴付增值税金，造成了政府税收损失。近几年，国际上利用碳交易市场骗取增值税的现象非常普遍、涉案金额巨大，据欧洲警察组织的统计，仅在 2008 至 2010 年期间因碳交易税收欺诈而造成的税收损失就高达65 亿美元，其中 2010 年发生在意大利的一起碳增值税欺诈案涉及金额就高达5 亿欧元。

（四）碳价失衡

宏观经济周期性波动显著影响企业的生产扩展和收缩，也间接影响能源消耗和温室气体排放总量。自欧债次贷危机以来，许多企业因经济衰退而减少生产，碳金融市场投资日益匮乏，碳排放指标的需求急剧萎缩，EU ETS 的排放配额（EUA）价格也屡创新低，相比 2008 年前高位已跌去近 90%，成了金融危机以来贬值幅度最大的大宗交易商品，而经核证减排量（CER）和减排单位

（ERU）更是大幅缩水，暴跌至 0.5 欧元附近。国际碳价的惨淡无疑放大了碳市场的流动性风险和信用风险，严重打击了碳金融交易主体的信心，也迫使欧盟排放交易机制陷入了八年前该交易机制建立以来最大的信任危机之中。

六、欧盟碳金融风险防控机制

碳金融市场作为一种特殊的新兴市场，兼具环保市场、能源市场和金融市场的特点。碳金融市场又是一个关系国家和人民未来生存的市场，这些特性决定了要严格保证它的健康有效运行，因此对它的监管显得非常重要。欧盟碳排放交易体系目前是世界上最为成熟的碳金融交易体系，其覆盖面广，涉及行业多，体系设计科学合理，内部管理机制与外部监督机制运行良好，对管理主体、管制对象、审核流程和配额分配等都有着详细规定。不仅从立法层面对碳金融交易进行了约束，还制定了《拍卖规定》，将能源市场也纳入法律管制框架之下，建立了以法律为保障的风险防控机制。欧盟有着十分全面的风险防控机制，在多年的探索中，欧盟制定了以风险监控为核心的风险防控体系，并针对各种可能出现的风险制定了紧急预案，下文将重点对欧盟的风险防控体系进行分析。

（一）欧盟碳金融市场风险监视机制

欧盟将风险防控体系分解为监视——控制——应对三个环节，在风险监控环节，主要以实时交易跟踪与资金流转监控等技术手段为主，通过对整个碳金融市场的实时追踪，力图在市场风险出现之初便将其识别。从而使得监管部门能够在提前识别风险，并采取积极措施，将风险消弭于无形。欧盟碳金融风险监控体系的核心特征是大量依靠高科技手段，强化信息披露力度，加强对项目与交易的监测。其中，碳金融独立交易系统（CTTL），碳信息披露项目（CDP）等都是已经被证实行之有效的方法，下面简单介绍这些监视系统。

1. 欧盟独立交易系统

欧盟的碳排放独立交易系统类似于银行的操作模式，主要是对交易行为进行记录的电子系统，除了可以自动核查每一笔交易外，还能把不合规的交易排除在外，但是该系统也有不足之处，即不能检测资金的所有权和资金的流向。独立交易系统能够自动对配额交易进行核查，保证每笔交易都是在检验无误的情况下生效。该系统核查的步骤可分为初步核查和深入核查，初步核查主要是对注册系统的信息进行核查，注册系统把信息发送到独立交易系统，独立交易系统审核后返回数据代码给注册系统，然后就是深入核查，即对交易申请进行核查，主要是对交易者手中的碳排放权指标和所在的注册系统能够有效进行交易，配额转移行为在系统允许的范围内，不存在违规操作。除此之外，该系统还有自动清除功能，配额账户的持有者把上一个年度的碳排放量划转了之后，该系统会自动清除该持有者的配额指标，也可以接受持有者自愿注销，接受注销申请后系统自动清除。独立交易系统可以帮助欧盟中央管理处监控碳排放额的流向、对交易总量的统计等，除此之外，由于该系统具备自动清除功能，因此清除违规交易行为，从而有助于减少可能产生风险的行为，以此来防范风险。

2. 碳排放量监测制度

碳排放交易体系发展的好坏取决于是否能制定一套科学高效的监测制度以及是否能获得真实可靠的碳交易数据，根据2003/87/EC指令规定，欧盟对碳排放量监测标准、监测原则、检测方法和监测计划内容等都进行了全方位的制定和实施，这些都有效地保证了所获得的监测数据的可靠性和准确性。

碳排放量的监测方法可以分基于计算的方法和基于测量的方法，企业需要明确自己所在行业和生产期间排放物的种类，来选择一种或是同时使用两种方法对碳排放量进行检测。如果用基于计算的方法，首先要根据实验或者经验总结出一个参数模型，比如"燃料——二氧化碳排放量""产量——二氧化碳排放量"等一些参数模型，这样就可以把企业每年消耗的燃料或者产出量带入模型中，从而来计算二氧化碳排放量。基于测量的方法是指对一个时间段内的二氧化碳气体浓度进行测量，这需要用到专门的碳排放气体检测工具，根据这个时间段内的碳排放数据进一步核算出全年的碳排放数值。相对来说，基于测量的方法要比基于计算的方法更为准确一些，如果成本在预算范围内，可以用测量的方法计算全年的碳排放量，然后用计算方法给予佐证。为了实现所获得碳排放数据的高效性和可靠性，势必要建立缜密的监测制度。在此基础上，企业人员不仅能随时直接地了解到其生产经营状况以及碳排放的情况等，也在一定程度上提高企业风险意识，对于降低碳金融风险具有一定的作用。

3. 碳信息披露项目

碳信息披露项目（CDP）于2000年在英国伦敦由机构投资者自发形成，是一个独立的非营利性组织，拥有世界上最大的气候变化信息数据库。CDP代表500多家机构投资者、采购组织以及政府机构向全球的企业发送碳信息披露请求。CDP在线数据库是目前世界上最大的企业温室气体排放和气候变化战略注册数据库，现在全球每年通过CDP披露气候变化和温室气体排放带来的机遇和风险的公司已有4800多家。

碳信息披露项目（CDP）主要对低碳战略、碳减排核算、碳减排管理、全球气候治理四个方面进行问卷调查，以完整反映被调查公司在应对气候变化方面的信息，主要内容包括：（1）低碳战略：碳管理战略和碳减排目标。（2）碳减排核算：碳核算的方法、碳排放的直接减排和间接减排。（3）碳减排管理：

碳排放计划、碳排放交易、碳排放集中度以及能源成本和计划。（4）全球气候治理：气候变化的责任分担、总体和个体减排成效以及国际气候治理机制。

由于碳披露项目可以为碳市场提供碳交易数据、碳核算以及相关风险等信息，因此碳披露项目在欧盟碳交易市场已经成为非常重要的一部分，碳交易者可以通过该平台及时了解相关的碳信息，这不仅增加了欧盟碳金融市场的透明度，而且有助于防范信用风险。

（二）欧盟碳金融风险防控机制

不同于碳金融风险监测领域中通过技术手段进行监测的做法，欧盟对于碳金融风险防控主要采取强化防控机制建设，加强风险管理等做法。作为新兴金融交易，碳金融交易过程中也蕴藏着一定的风险，为了规避碳金融交易活动中可能引起的风险，欧盟重点从以下三个方面采取措施来加强风险控制：

1. 国家配额计划（NAP）

国家配额计划是欧盟排放交易体系的核心，欧盟承诺的整体减排目标将在内部会议中，根据不同成员国之间经济发展水平与碳排放量的区别，按照"共同但有区别"的原则进行分解。而成员国政府在确定本国减排目标后，再将配额划分给国内的相关企业。为防止欧盟成员国在 NAP 制定过程中过于随意，各国制定的 NAP 在提交欧盟委员会的同时，必须面向全社会公开。欧盟气候变化委员会（EUC.C.C）收到成员国政府提交的 NAP 后，必须在三个月之内组织专家进行审查并做出正式评价。NAP 经审查获得核准后就不得更改，未通过的必须进行修订并重新审查。碳排放配额是实现碳排放权交易的基础，其初始分配对碳金融市场的运行效率和成效产生重大影响。NAP 是在公平理念下被制定的，这一计划在制定之初就充分考量了不同国家与地区之间的差异，根据行业发展与经济趋势制定了国家配额计划（NAP）的制定，可以相对公平的确定各国、各行业及各企业的初始排放配额，提前防范由分配不均、配额过剩等可能引起的政治风险、市场风险、操作风险等。

2. 碳排放核查制度

碳排放权属于虚拟商品，如果想在碳金融市场上进行交易，必须保证碳排放量可核查。欧盟委员会出台的碳排放核查制度要求企业每年出具的温室气体排放报告需要经过专门机构核查才能公布，若没有通过核查，就给予该企业限制配额交易的惩罚。

当然要进行企业碳排放核查工作，肯定离不开专门的核查机构。欧盟委员会要求核查机构必须具备核查资质，需要进行碳排放核查的企业在选择核查机构时原则上是利益相关者回避，即不能选择与该企业有利益关系或者经济往来的核查机构，除此之外，可以选择核查机构清单上的某一家来进行碳排放核查。碳排放核查制度是对碳排放监测制度有了进一步的补充，如果监测过程中有数据偏颇或缺失的现象时，碳排放核查制度可以在对企业报告核查中看出找出偏失的数据，从而保证数据的准确性。

3. 碳金融配套服务体系构建

完善的金融配套服务体系不仅可以分散金融风险，增强金融系统健壮性，促进金融市场多元化发展，更可以有效支持主体发展。多种金融机构的共同参与不仅促进了欧盟 EU ETS 体系的完善，更为市场带来了资金与活力，发挥着资金融资、项目担保、市场媒介等多项重要功能，从而极大地推动了欧盟碳金融市场的发展。下面主要对碳金融体系中的主要金融机构进行介绍。

（1）商业银行

欧盟参与碳金融比较早的大型商业银行主要有比利时富通银行，汇丰银行和某集团等。这些商业银行在欧盟碳金融市场具有举足轻重的地位，他们不仅充当交易媒介，而且还为碳金融项目进行融资，并提供咨询、绿色信贷等服务。比如汇丰银行，该银行专门设立了一支参与碳金融市场活动的专业团队，提供清洁发展机制项目融资业务、提供交易咨询业务、充当碳配额交易媒介等。某集团主要是针对低碳项目进行绿色信贷，根据该集团进行绿色投资的条款，只要某项目或者某企业的活动是有助于减少温室气体排放的，都可以申请贷款，这也显示了该集团对于鼓励企业进行低碳活动方面的行动是非常积极的。现某集团已经加入了欧洲气候交易所，该集团具有雄厚的资金实力，凭借该优势，某集团为碳排放权的交易双方提供资金支持，有效地防范和化解了碳金融市场上的流动性风险。

（2）保险公司

碳金融市场比一般的金融市场更加复杂，碳交易涉及的链条长、环节也更多，而且对于政策变动很敏感，因此碳交易面临着很多不可预测的风险，很多企业因为碳排放项目的夭折而遭受利益损失。碳金融保险的需求也开始上升，碳金融保险不仅起到转移风险的作用，而且也有助于增加保险公司的收益渠道，提高保险公司的保费收入。作为世界上金融保险业最为发达的地区之一，欧盟在碳金融市场设立之初便大力发展碳金融保险业务，各保险公司也积极进入碳金融市场，为各类产品提供保险与再保险，在碳金融风险转移方面发挥了巨大的作用。比如瑞士再保险公司在开展碳金融保险方面，对于低碳项目进行承保，如果参加保险的企业在 CDM 周期中，由于项目中断或者项目延期等原因没有产生足够的核证减排量，可以由保险公司支付预期的减排单位。但是有些产品是不在该保险公司承保范围内的，比如由于操作风险、政治风险等给被保险企业带来的损失。

但值得注意的是，目前碳金融市场受政策影响较大，市场变化频繁，许多保险产品在设计之初并没有考虑到这种情况，而也罕见针对政策变化风险设计的保险产品。因此，目前的碳金融保险产品实际上还没有脱离传统金融保险领域。

（3）碳基金

碳基金这一创新性的碳金融工具，是为满足碳金融市场中的金融需求而产生的。在碳金融市场中，其提供碳权投资和咨询服务，参与碳排放指标的买卖，提升了市场流动和项目效率，实现了以市场机制促进低碳减排的双赢。另外，碳基金的产生，也为利用碳期货、碳期权等套期保值的金融工具来有效分散碳交易风险提供了条件，下面以英国碳基金为例进行简单介绍。

碳排放权的跨国交易是一种不同于已有国际贸易规则的交易体系，其诞生具有很强的政治色彩，因此完全的市场机制运行将使得CDM项目的主要运行国家处于不利位置。与此同时，全球碳交易市场的不统一也为CERs的交易造成了较大的阻碍。因此，碳基金应运而生，它为交易双方提供了咨询与中介服务，并通过直接参与碳排放交易提高了市场流动性，保障了CDM项目的有效实施。从设立的主体上看，碳基金大多是由政府或国际机构直接设立的，其区别在于由政府设立的碳基金大多将以下三点视为自己的主要目标：

一是，通过CDM项目购买的方式，达成本国在京都议定书中承诺的减排目标；二是，通过先进的管理与有效的资源配置，提高本国的低碳能源利用率，实现低碳经济的良性发展。三是，帮助国内企业减少二氧化碳的排放量。而国际机构，如世界银行所成立的碳基金除了在全球范围内实现以上目标外，还致力于促进世界范围内碳排放权交易的流动，推动《京都议定书》中提出的低碳经济理念，为不同国家间碳排放交易实现利益的均衡分配等等。

（4）投资银行

欧盟金融市场上也有很多投行积极参与碳金融活动，在参与炭交易过程中，不仅增加自身利益，而且也提升了自身的社会责任。以巴克莱银行为例，该银行把低碳因素纳入了客户评价标准中，要求发行股票或债券的客户适当披露他们的业务对环境的影响，主要包括温室气体排放情况以及环境政策变化时对他们的业务可能造成的损失。该行在碳交易过程中直接以做市商的身份参与炭交易，充当交易双方的对手，交易的产品不仅包括碳排放权，还有其衍生产品、天气交换合约等。投行的这些交易行为都增加了碳金融市场的活跃性，也在一定程度上化解了市场风险。

除此之外，欧盟还出台了一系列措施，确保相关配套市场的平稳有序发展。

从整体上看，欧盟已经构建了从市场准入制度到事后违规处罚制度的一系列保障措施，实现了以相关碳金融交易风险控制指导标准为框架、市场准入资质为门槛、相关企业与交易主体信用评级为预警、碳金融风险信息监测与评估机制为核心的一整套风险控制系统。

总的来说欧盟碳金融体系还是比较完善的，有很多值得我们借鉴的地方。比如商业银行作为交易媒介，可以为碳金融市场融通资金；投资银行可以作为做市商参与碳金融业务，作为碳交易双方的对手，这样有助于活跃碳金融市场；而碳基金则除了可以为企业提供资金供其发展低碳项目、低碳技术妙，还可以进行股权投资；保险公司的作用则在于分散或者转移碳金融风险，督促参保企业做好风险防控。因此，构建完善的碳金融体系，充分利用各金融机构在风险管理方面的优势，则对于碳金融市场风险防范工作具有重要意义。

（三）欧盟碳金融风险的应对

风险监视与风险控制机制的意义在于尽可能地避免潜在的风险损失，将风险控制在合理范围之内。然而在现实世界中，风险总是存在并且发生着的。因此，在建立起完善的风险监视与风险控制机制之余，欧盟也建立了完善的市场风险应对机制，作为风险事件发生时的应急措施。

欧盟的市场风险应对机制构建的核心思想是将风险引起的损失控制在可接受的水平之内，根据不同类型的风险成因与市场主体对风险的承担能力，将已发生的风险进行分摊或是止损，并在此基础上特别重视防范二次风险的发生，以及系统性风险的发生。针对欺诈、市场操纵、碳价失衡等不同的风险类型，欧盟委员会提出了从身份认证到价格管控的六大风险应对措施。

1. 共同交易注册

2011 年，黑客通过伪造恐怖袭击警告的方式潜入捷克电力交易所，盗走了价值 5000 万美元的碳排放权配额。这一事件迫使欧盟的 EU ETS 交易体系全面中断数月之久。事件发生后，欧盟开始正视体系中存在的疏漏之处，事实证明，统一的排放权存储于不同成员国的交易所内，但成员国之间的账户注册却彼此独立，这一做法是低效的。因此欧盟出台了共同注册制度，该制度致力于在欧盟区内实行由欧盟委员会制定的统一注册标准，并在 2012 年开始正式实施。这一制度结合 CITL 系统，能够有效地监控可疑的碳交易行为，中断高风险交易并通知委员会采取应急措施。在这一系统的帮助下，交易者可以指定信任交易对象，并对其发起安全交易请求。而一旦系统监测到不在授信名单中的交易对象时，就会向交易者提出额外的批准请求。事实证明，该措施有效地防止了碳金融风险交易。

2. 强制身份信息验证

出于进一步加强资金流动与市场风险监控的考量，欧盟部分国家规定在碳交易过程中应采取实名认证的方式进行。双方在发起碳交易时应向监管方提交包含着碳交易主体实名信息的碳交易身份证明。监管者认为，这种手段能够有效地约束交易者行为，避免不法交易者利用政策漏洞进行碳交易欺诈。但反对者认为这侵犯了交易双方的隐私。因此各成员国之间尚未对此达成一致，在EU-ETS体系中还没有进行强制身份认证。但总体看来，统一的碳身份证明将是未来欧盟碳金融交易体系中的重要组成部分之一。

3. 延伸使用滥用市场规章

欧盟成立之初，就致力于在欧盟区建立起单一的欧洲市场。因此欧盟在竞争法中有关"滥用市场支配地位"的条款里对保障内部市场的竞争过程，规避可能的市场操纵与内幕交易风险做出了明确的约束。而在碳金融市场成立之初，确实存在着一定的金融巨头借有利地位进行市场操纵的迹象，因此欧盟委员会将条款引入碳金融市场中。但值得注意的是，由于碳排放权自身的特殊性质，其尚不具备正式的金融工具地位，因此无法完全适用于滥用市场规章，所以碳排放权的现货交易市场中仍然存在着一定程度的乱象。

4. 快速反向征收增值税机制

欧盟碳排放权交易初期，经常有不法交易者利用不同国家间的法律漏洞，在一国购买不需要增值税的碳排放权，而在出售需要缴纳增值税的排放权后宣布破产，以此骗取巨额增值税。国际刑警组织认为此类骗局令欧盟各国政府损失了数以十亿欧元计算的税收。而欧盟的传统体制规定如果成员国以欧盟增值税法律归属地国家之外的措施来追回税款的话，则必须由欧委会审理提案后向欧盟理事会提交讨论。这一过程不仅十分繁琐，而且通常旷日持久，为各国处理相关骗税问题造成了巨大的阻碍。快速反向征收增值税机制赋予成员国在紧急时刻采取"反向征收增值税"的权力，即将应由供应者支付的碳增值税转移到消费者身上来。

5. 实行现货场外市场交易

现货场外交易市场相对于场内交易的优点是交易对手是可见的，从而减少了信用风险发生的概率。而且在欧盟碳排放权被黑客盗走事件之后，场内交易在一段时间内处于比较冷清的状态，场外交易则开始受到交易者的青睐。相对于交易所交易来说，场外交易规则少，可以由交易双方来决定，交易对手的情况自己也可以事先得到了解，这样不仅有助于防范信用风险，而且也不会被牵扯到增值税舞弊这些事件。然而，由于没有统一的规则制度，场外交易也存在着诸多问题，为了使已经具有一定规模的碳金融场外交易市场继续发展下去，欧盟委员会开始对场外市场进行规范性管理，要求场外交易合约要集中清算。场外市场如果能够得到长远发展，不仅繁荣了欧盟碳交易市场，更有助于防范碳金融市场中的信用风险。

6. 执行价格柔性机制

价格柔性机制是针对碳排放权供给刚性这一问题而建立的，由于各个国家或企业的碳减排目标是确定的，这就导致碳排放权供给上的刚性，这种现象很容易引发市场失灵。价格柔性机制就是通过联合清洁发展机制和联合履约机制等来引入核证减排指标，这些减排指标在一定程度上增加了碳排放配额的供给弹性。然而价格柔性机制并不是时刻有效的，原因是核证减排指标和碳排放配额是单向替代的关系，即在配额不足，需求旺盛时，核证减排指标可以用来增加碳排放权的供给；然而，在配额供给旺盛、需求不高时，这种替代关系就不再存在，价格柔性机制也失去了作用。针对这种情况，欧盟委员会推出了一个新的机制，即配额存储机制，这个机制允许本年度没有使用完的配额继续储存到第二个年度使用。配额存储机制解决了价格柔性机制失效的问题，在一定程度上缓冲了供给刚性的问题。这两个机制的配合使用，有助于解决碳市场机制失灵和碳权价格失衡，为防范市场风险和流动性风险提供了有力支持。

第五章 我国碳金融风险的实证分析

通过对碳金融产品价格决定要素的分析发现，碳金融产品价格的影响因素特点可以概括为纷繁复杂、政策依赖性强及人为作用显著，这些根源性的特征最终表现在了碳金融产品价格的运行特征上。本章将详细分析碳金融产品价格所呈现出的统计特征，并以第二章中影响因素的作用机理对其统计特征的出现进行相关论述。

一、我国碳金融产品风险成因分析

随着我国工业化与城镇化进程的不断推进，温室气体的排放也日益增多，而我国相对落后的能源产业决定了我国在减排方面还有很长的一段路要走。从长期来看，我国作为世界工业体系最完备、经济规模最大、减排潜力最好的发展中国家，天然具备了成为国际碳金融交易中心的优渥条件。虽然我国碳交易市场起步较晚、碳金融产品种类单一，但正处于蓬勃发展之中。然而，任何事物的发展与形成都不是一赋而就的，我国的碳金融活动还面临着许多风险与不足之处，其风险成因可以被概括为以下几个方面：

（一）相关配套政策及法律法规有待完善

虽然我国具备成为碳金融交易中心的潜力，但我国在碳金融项目的参与上却显得小心翼翼，不仅远远落后于"附件一国家"，更是落后于部分非"附件一国家"。如许多拉美国家在 CDM 项目的开展上都要早于中国。尽管近年来在全球 CER 市场上，由我国 CDM 项目所提供的 CER 已经稳稳占据到总量的三分之一，但我国在国际碳交易市场中仍然处于弱势地位，缺少定价权，大量利益被国家碳金融机构被夺。这种状况应归结为碳金融配套政策与制度的缺失、统一的组织机构的缺乏、统一的碳金融交易市场的缺失、科学有序的碳金融市场运行规范的缺失。金融机构在这种缺乏公平、透明与公正的交易环境中受到了极大的制约。而碳金融交易受政策冲击极大，无论是欧盟的 EU ETS 交易体系还是芝加哥能源交易所，在历史上都有过，受宏观政策变动而引起交易价格急剧变动的"前科"。事实证明，我国的碳交易体系尚不成熟，受政策冲击的影响更大。

如前所述，碳金融本身并非完全的市场产物，其诞生带有很大的政治色彩，碳金融产品的复杂性远超一般金融产品，与环保、工业、科学、政治等领域密切相关，是一种典型的"政治经济"产物。所以碳金融市场的发展离不开政策的扶持与引导。我国虽然在十二五规划中明确指出要大力发展清洁能源，进行可持续发展，节能减排，但从整体上看，政策制定缺乏规划，政策时效性较差，往往落后于快速变化的市场动态。而政策制定机构远离市场，对市场环境与碳金融理论不够熟悉，很难把握好政策制定的节奏。这导致了政策与市场的脱节，政策往往无法解决市场所急需解决的问题，而市场也同样无法将自己的声音传递到政策制定者的耳中。

这种情况导致了政府对低碳经济的鼓励性政策往往只停留在倡导与宣传的层面上，而在具体的财政与税收激励方面则缺乏可陈。低碳项目既无法充分得到银行信贷政策扶持，也无法获得应有的税收补贴，这相当于变相的打消了投资者的热情。碳金融属于高风险的金融行业，而我国迄今为止尚未出台统一的监管政策并制定相关法律法规,试点碳排放交易所在隶属关系上也较为"混乱"。因此，对碳金融市场相关法律法规及配套政策的完善，有助于规避风险，优化配置，促进我国碳金融市场的平稳有序发展。

（二）国际局势前景不明

尽管近年来我国 GDP 总量持续上涨，已经有超过美国，成为世界第一经济体的趋势，但从发展水平上看，我国仍然是发展中国家。2012 年在多哈举行的第 18 次联合国气候变化大会上，各方明确了《京都议定书》第二期内仍施行第一期的"共同但有区别责任"制度，对发展中国家不强制要求进行减排。但在巨大的经济与政治压力下，美国及加拿大表示拒不加入《京都议定书》，欧盟虽然接受第二期减排目标，但提出要在碳信用提供国家上区别对待。这使得我国碳交易市场面临巨大的政治压力，一旦作为发展中国家的中国不能及时将 CDM 所产生的碳信用向欧盟出售，那么我国的碳交易市场将面临毁灭性的损失。

而另一方面，从当前国际政治经济环境上看，我国仍然是各主要经济体中发展态势最好的一个。欧美发达国家在承受了减排压力的同时也面临着经济增长迟缓、金融环境恶化的风险，因此势必会不断寻求风险转嫁。2014 年 12 月，美国与中国共同发表了减排承诺，中国表示计划在 2030 年左右二氧化碳排放达到峰值且将努力早日达峰，并计划到 2030 年非化石能源占一次能源消费比重提高到 20% 左右。这为我国的工业化与城镇化进程亮出了一道无形的"天花板"。尽管中国倡导的"一带一路"倡议能够将过剩产能溢出到国际，但该计划的实施仍具有较强的挑战。因此在未来的一段时间里，来自国际政治经济方面的压力仍会是我国碳金融交易市场风险的主要来源之一。

（三）主体认识不足与专业人才缺失

碳金融业务在我国方兴未艾，因此社会对这一产业的认知还处于十分肤浅的阶段，纵然是许多金融机构对碳金融的认知也犹如雾里看花，管中窥豹，只知其一隅，不见其全局。碳金融运作模式、风险度量、发展趋势等特征尚有待人们把握，而对这一行业的生疏又导致了高昂的行业进入壁垒，这使得碳金融交易的机会成本与市场风险均远超其他市场，将相当一部分金融机构挡在了市场之外。

而与此同时，碳交易市场的容量过小，金融机构缺乏进入的动力。较之于我国碳交易市场存在的低成交量、高风向与政策不确定性，金融机构成立专门的业务部门进入该领域存在较大的风险。因此索性观望市场，更待良机。这种被动的心态成因可以被归结为两方面：一方面参与主体对碳金融交易市场的观念尚有待更新，认知层次更是需要提升；另一方面参与主体自身水平有限，尚不能完全认清碳金融乃至低碳经济背后巨大的世界能源与环保新格局变化与发展态势。从世界范围看，尽管科学家们对温室气体排放对地球变暖可能造成的影响还各持己见，但气候变化与能源匮乏带来的压力已经迫使世界各主要发达国家不得不开始推动低碳经济的发展。而我国随着人民群众生活水平的日益提高，人们对于环境保护的呼声也越来越高，低碳经济作为我国新常态下经济转型的重要组成部分，离不开碳金融的大力支持。而碳金融依托在低碳经济，势必将成为中国新常态下引发经济增长方式变革的重要组成部分，成为中国国民经济持续发展的助推器。

碳金融业务较之于传统金融业务而言，有着知识壁垒高、高度复杂性以及宏观政策性强等特点，这是由碳金融的本质所决定的。因此若想在碳金融业务上有所作为，相关金融机构就必须拥有一支高度专业化的碳金融人才团队，但我国碳金融市场开放较晚，相关人才培养处于空白阶段，尚未形成权威的市场准入与从业资格认证制度。而碳金融的风险特征决定了只有具备在金融、法律、宏观政策乃至国际政治形势等多个领域中都有所建树的知识结构多样化人才才能够游刃有余地驾驭相关交易。

而若要更上一层楼、在我国现有市场上单一碳交易品种上有所突破，必须构建丰富的碳金融衍生品及健康的交易模式，有效地规避市场风险，则会对相关金融机构的人才结构提出新的挑战。这不仅要求我国金融机构要有一支专业化的碳金融交易团队，更要有一整套碳金融衍生品产品设计理论、风险度量、产品设计机制、市场准入审查的专业化运营体系。金融机构需要培养一支高水平、高素质、高度专业化分工协作的碳金融交易人才团队，并构建相应的人才培养模式与干部储备机制。目前我国尚无金融机构针对碳交易市场成立专业的业务部门或分支机构，当然更谈不上人才培养与专业化的团队建设。这导致我国金融机构在相关领域中的话语权缺失，往往在国际交易中只能受制于人。

（四）碳金融组织服务体系尚不健全

从欧美发达国家的成熟碳金融市场运作情况来看，一个成熟的碳金融交易市场是由复杂的碳金融组织服务体系所支撑起来的，这些组织服务体系犹如人体的肌肉与血管，共同支撑起了碳金融体系的正常运作。纵观国际碳金融交易体系，我们可以看出，一个完整的碳金融交易生态体系中，应该由信用评价与核准机构构成体系准入的"门槛"；银行、证券、信托、保险等金融机构构成交易的主体；监管机构负责整个体系的监督。此外，还有众多中小金融机构一同解决相关配套金融问题。

我国碳交易市场投资主体成分复杂，银行等金融机构仍持观望态度。这种观望态度一方面体现在金融机构对碳交易相关操作模式、交易规则学习与了解的兴趣缺乏上，另一方面体现在入市的机构数量稀少，碳金融衍生产品少人问津，碳金融相关机构少人涉足。而在市场方面，则体现为一方面我国国内碳交易市场上交易品种单一，风险抵御能力差，各种具备避险能力的碳金融衍生交易品少有面世；另一方面我国在国际碳交易市场上缺乏定价权，虽然占据了巨大的市场份额，但却仍作为国际碳金融生态链的底端任人鱼肉。迄今为止，我国在国际碳交易市场中提供的主要产品仍是 CDM 项目产出的 CER，相关配套金融组织机构的缺失使得我国只能任由发达国家用低廉的价格收购 CER 产品后将其加工包装为高级碳金融产品赚取"剪刀差"。中国金融服务组织在国际碳金融领域中却建树寥寥，对于成立碳基金、碳保险、碳投资银行、碳评级公司等碳金融机构更是无从谈起。

二、巴塞尔协议框架下的碳金融市场风险管控分析

（一）巴塞尔协议简介

20 世纪 70 年代开始，经济学家开始逐渐将控制论应用于银行领域。这部分程度上是由于银行业存在的高度信息不对称与其从事业务的高风险性决定了一旦风险事件发生，则银行很可能在短时间内倒闭，甚至引发系统性风险。而前联邦德国 Herstatt 银行和美国富兰克林国民银行的倒闭所引起的巨大社会与经济问题加重了这种忧虑。因此 1974 年，十国集团中央银行行长共同倡导并成立了巴塞尔协议委员会，并制定了一系列重要的银行业监管条例，其中最为成功的，便是 1988 年 7 月在瑞士的巴塞尔通过的"关于统一国际银行的资本计算和资本标准的协议"，简称为巴塞尔协议。

巴塞尔协议几经修订，其中 2004 年 6 月通过的《新巴塞尔资本协议》由775 个协议正文条款和 9 个附录组成，在银行风险监管方面做出了不可磨灭的贡献。新巴塞尔协议主要由最低资本要求、监督检查与市场纪律三大支柱组成：

1. 第一支柱：最低资本要求

最低资本要求设计的初衷是帮助银行预留部分资本，以抵御潜在的风险。因此如何定义潜在风险，并据此计算出预留资本比例便成了第一支柱的主要内容。因此，第一支柱主要包括了定义监管资本、定义风险加权资产以及确定两者间的最低比例三项内容。

第一支柱对银行风险进行了详细的定义，它将风险要素进行分解，从而通过定义不同风险类型来确定风险对资本的潜在影响。在进行风险计算时，原巴塞尔协议主要参考信用风险，而新巴塞尔协议则将市场风险与操作风险一并纳入风险评估体系中。

（1）信用风险

信用风险是最早被纳入巴塞尔协议中的风险类型，又被称为违约风险，主要指交易对手未能履约而造成损失的风险可能。在早期的金融市场中，信用风险通常代表了全部金融风险，即使在今天，信用风险也是金融风险中的主要类型。巴塞尔协议通过一系列复杂的公式与评级来计算信用风险，进而计算出抵御信用风险所需要的资本要求。新巴塞尔协议允许银行采用两种不同的方式来计算信用风险，一种是内部评级法，允许银行自行对信用风险的资本要求进行内部评价，在具体实施过程中，又有标准法与高级法之分。另一种是外部评级法，通过指定的评级机构的评估结果，按照标准进行信用风险计量。任何银行都可以采用外部评级法，但只有那些经过银行监管部门批准的银行才能够实施内部评级法。这一定程度上避免了内部评级法的滥用。

内部评级法的实施是巴塞尔委员会比较了几个业界主要信贷风险评估模型后，提出的兼具可操作性与可靠性的信用风险评价方法。在内部评级法的模型中，金融监管当局向金融机构提供诸如违约损失率、违约风险暴露等关键数据的参数，而金融机构则根据历史数据测算出不同级别借贷的违约率。在高级法中，上述参数可以全部由金融机构自行测算，但必须经过监管部门的批准，因此对于风险管控能力较强的企业，通过高级法测算出的信用风险资本要求往往要小于基础法测算出的信用风险资本要求，而对于风险管控能力较差的企业来说却恰好相反，因此可以有效制约银行业的盲目扩张。

（2）市场风险

根据有效市场假设，所有已披露信息都会反应在市场价格波动上，因此完全成熟的市场中，市场价格是相对稳定的。虽然这一假设的条件在现实情况中是完全无法实现的，但由于金融监管与信息披露制度的日趋完善，传统金融市场已经越来越成熟，也越来越趋近于有效市场。因此在巴塞尔协议制定之初，市场风险并不被认为是一个主要风险。但随着银行业竞争加剧，传统金融市场获利空间被压缩，越来越多的金融衍生品被开发出来并被投放到市场中。不可否认的是，这在一定程度上促进了金融创新，并起到了避险保值的作用，但大量金融衍生品的进入加大了整个市场的风险。而自20世纪80年代以来，传统商业银行与投资银行之间的界限逐渐模糊，商业银行越来越多的涉足金融衍生品市场中来，这使得市场风险开始逐渐成为金融风险中不可忽视的一种风险类型，一旦风险发生，往往系统性风险也随之而来，为投资者与金融机构造成巨大损失。新巴塞尔协议不仅将市场风险区分为一般性市场风险与特定市场风险，确立了以 VaR 模型为核心的市场风险监管框架，很大程度上解决了金融危机中暴露出来的市场风险监管不足的问题。

（3）操作风险

巴林银行的倒闭及一系列相关银行从业人员违规操作所引发的巨大市场动荡，使得操作风险开始被国际金融界所关注。新巴塞尔协议首次将操作风险纳入第一支柱的框架之内，并要求金融机构为之准备相应的资本金。

操作风险与信用风险及市场风险不同，具有极大的主观性。新巴塞尔协议将操作风险定义为由不完善或有问题的内部程序、人员及系统或外部事件所造成损失的风险。协议将风险按照发生概率与造成损失的大小将其区分为主体风险与尾部风险两种，两者之间的区别是：主体风险发生频率高，对金融机构造成损失较低；尾部风险发生频率低，一旦发生则对金融机构造成巨大损失。

其中主体风险的控制有赖于银行内部的业务控制与员工管理，主体风险多发生于业务部门，如员工的误操作、恶意欺诈、文件伪造等行为，因此良好的管理体系能够规避绝大多数主体风险的发生，或将风险控制在小范围内。而尾部风险的控制则依赖于风险管理部门的内部控制，金融机构应积极做好这类风险的应对措施。

2. 第二支柱：监督检查

虽然第一支柱保证了银行能够有充足的资本以应对可能的金融风险，但金融市场的变幻莫测使得监管者们认为必须从根本上建立起一套机制，促进银行不断开发更有效的风险管理工具，并使得监管当局与金融机构间形成良性的对话机制。基于这种理念，巴塞尔委员会对银行业监管的指导思想、实施方针、技术路线以及事后溯责的机制构建提出了建设性的意见。第二支柱的基本思想是建立起一套行之有效的监管机制，各国监管部门能够在这套机制的框架内根据本国的实际情况进行本地化部署，同时能够在尽可能避免监管对行业造成束缚的情况下加强信息流通，从而可以将风险扼杀在萌芽状态，或是果断采取措施将损失控制在可接受的范围之内。

第二支柱的主要结构包括三个主要适用领域，四个基本原则构成，第二支柱恰到好处地填补了第一支柱中疏漏的部分，从而使得整个协议结构更加严谨。其中三个主要适用领域是：（1）第一支柱涉及但没有完全覆盖的风险（如流动性风险和交易对手风险）。（2）很行的外部因素（如经济周期效应）。（3）第一支柱中未加考虑的因素（如银行账户中的利率风险、业务和战略风险）。四个原则指：（1）银行应当建立一个能够有效评估符合自己具体风险特征的资本充足问题的程序。（2）银行监管者应当审查银行内部的资本充足评估程序。（3）银行应当持有高于最低资本要求的资本，以防范第一支往下未有效覆盖的风险。（4）在银行的资本充足率可能出现问题时，银行监管者应当及早介入。以防止问题的实际发生。

3. 第三支柱：市场纪律

旧巴塞尔协议中将市场纪律视为监管制度的一部分，这无疑造成了一种错觉，即监管部门是整肃市场纪律的主体，或者说，即使不遵守市场纪律，但是只要不被抓到就不算违规，这在一定程度上助长了金融机构的肆意妄为。新巴塞尔协议将市场纪律作为三大支柱之一单独提出，规定了严格的信息披露标准。这在一定程度上是监管部门在多次金融危机后审视整个协议体系做出的亡羊补牢之策。

巴塞尔协议自诞生以来已经经过三次较大的修改，虽然迄今为止人们不断对其有效性提出质疑，但不可否认的是，经过了数次修改的巴塞尔协议依然是迄今为止人类提出的最为科学、可靠的金融行业监管国际标准。在我国碳金融交易市场尚不成熟的情况下，借鉴巴塞尔协议的框架与成熟经验，有助于我们更加清晰地认识我国碳交易市场所面临的风险。

（二）新巴塞尔协议框架的逆向剖析—基于控制论视角

控制论是一门兴起于二战后的新兴学科，尽管其创始者在控制论提出之初只想将其用于机械系统与社会科学中控制与通讯的一般规律研究，但很快人们就发现高度抽象化之后的控制论几乎可以适用于所有复杂系统，而不限于某一特定学科或是领域。因为它满足了二十世纪中后期多学科融合的趋势，为传统单一学科理论框架下无法得到解决的问题提供了理论支持，所以控制论在二十世纪得到了迅猛的发展。

从本质上看，控制论是研究被控对象如何在特定条件下被施加影响，从而达到既定目标的科学。被控对象、外部影响与既定目标共同构成了控制系统，不同于机械唯物主义的观点，控制论将系统视为复杂但可控的，因此可以通过对输出结果与既定目标之间偏差的比较来对输入过程进行反复的调整，从而使得系统不断向着理想化的方向进化。常见的控制系统被分为两类，分别是开环控制系统与闭环控制系统，两者间的区别在于是反馈信号的输入，具体区别如下：开环控制系统的输出结果不会对输入造成影响，不具备反馈通道，系统实现简单，受控程度低，系统不具备自行调整的能力；闭环控制系统的输出结果会对输入造成影响，具备反馈通道，系统实现复杂，受控程度高，系统具备部分自我调整的能力。

在现实情况下，人们往往将开环控制系统与闭环控制系统结合起来，形成复合控制系统。新巴塞尔协议实际上为银行业构建了一个闭环的控制体系，该体系中，第一支柱起到控制器的作用，负责从输入环节对整个系统进行风险控制，1988 年的巴塞尔协议试图通过这种开环控制的方式来对银行业进行监管，在巴林银行倒闭事件发生后，巴塞尔协议委员会迅速意识到巴塞尔协议 I 中存在的问题，引入了第二支柱，第二支柱构成了整个系统的反馈部分，而第三支柱则试图尽可能地降低外部干扰，从而实现整个银行系统风险的可控化。

在该闭环系统中，风险主要来源于系统内部运行（操作风险）与外部环境的干扰（市场风险与信用风险），如果将银行业务进行剥离，将风险控制中的要素进行高度抽象，则我们可以认识到巴塞尔协议只构建了一个开环系统，系统的稳健性不足，而新巴塞尔协议的成功之处在于通过引入反馈机制与外部环境波动抑制机制对整个闭环系统进行了控制。巴塞尔协议并非对新巴塞尔协议的完全否定，而是根据新时期金融市场特点对系统规则进行的修补。

（三）新巴塞尔协议框架下的我国碳金融市场风险管控分析

目前，我国碳金融市场主要由 7 个碳排放权交易所构成，2009 年国家发展和改革委员会下发了《国家发展改革委办公厅关于开展碳排放权交易试点工作的通知》，批准了 7 个试点交易所的建立。2014 年国家发改委发布了《碳排放权交易管理暂行办法》，但在办法中没有对市场风险的监管与控制做出明确的规范。因此从整体上看，我国的碳金融市场风险管控尚不能构成一个完整的系统。

通过对巴塞尔协议发展历程的剖析，我们应构建以"有效控制碳交易市场风险"为核心目标的我国碳交易市场风险控制体系，应当以巴塞尔协议 III 构建的闭环系统为框架，构建一个新的闭环系统。其中，施控系统由宏观政策与法规构成，应通过准入制度、信用评价、政策引导、加强立法等手段来对资本的进入加以控制；而反馈系统则涵盖了市场风险评估与机构监管、压力测试等内容，通过对市场风险指标的监控来起到反馈作用；而为了尽量减少外部环境对我国碳交易市场的影响，针对我国碳交易市场受政策风险较大的现实情况，应该从立法与政策扶持两方面强化风险规避，而不是简单地照搬巴塞尔协议中"第三支柱"有关市场纪律与信息披露的相关内容。

第六章 基于VaR及CVaR模型的我国碳金融交易市场的风险度量研究

在上一章中，我们就中国碳交易市场价格波动特征以及新巴塞尔协议框架下的我国碳交易市场风险管控进行了分析。并提出了应按照闭环系统的模式构建我国碳交易市场风险管控体系，而如何度量我国碳交易市场的风险，以构建合适的系统反馈机制则是整个系统重中之重。

一、VaR 与 CVaR 风险度量模型

VaR 英文全称为 Value at Risk，是关于风险价值的度量模型，C VaR 英文全称为 Conditional Value at Risk，是关于条件风险价值的度量模型。在二十世纪之前，金融学尚未能将风险与不确定性区分开，学者们认为风险是如同天灾人祸一样的不可预知事件，因此对于风险的定义也十分粗糙。这种状况一直持续到 1921 年，相关学者首次提出两者应该区别对待，他提出风险是可以用概率模型加以描述的、可预料的市场波动。这是风险区别于不确定性的本质依据。在此之后，伴随着现代金融数学的蓬勃发展，风险度量理论开始为人们所重视。

现代风险度量理论公认的鼻祖在《证券投资组合》一文中提出了现代金融投资决策的原始模型，他最主要的贡献不仅仅在于他通过"均值——方差"模型确定了约束条件下的投资组合最优解，他的伟大之处更体现在通过将数理方法引入金融风险计量领域，通过寻找证券组合在时间序列下的概率分布模型来对投资风险进行量化，并将结果进行了实证拟合。这不仅证明了风险是可以度量的，更为风险度量理论指明了前进的道路。

（一）VaR 模型

现代风险度量理论公认的鼻祖建立了现代投资理论之后，VaR 的诞生标志着风险度量理论进入了一个全新的时代。自 1971 年固定汇率体系崩溃以来，汇率、利率等金融变量的波动性不断加剧，对绝大多数公司形成了巨大的金融风险。金融机构在传统投资市场中的获利空间逐渐受到压缩，开始广泛尝试进行金融创新，开辟新的阵地。在这一过程中，大量金融衍生品被创造出来，由

于其结构复杂、操作难度大、专业化程度高等特点，这些产品巧妙地游离于金融监管体系之外，为金融机构带来了巨额利润的同时也埋下了巨大的隐患。国际上众多金融机构因市场风险管理不善而导致巨额亏损，巴林银行更是因此而倒闭。因此传统的信用风险开始被市场风险所取代，而商业化银行业务重心的偏移导致了一旦恶性风险事件发生，则有可能导致全面的系统性风险发生。作为金融市场风险管理的基础与关键，传统的风险度量模型无法直观地将复杂的金融市场风险特征量化。因此，准确的测度风险成为首要的问题。在这种情况下，VaR方法应运而生。

VaR方法是指在既定的时间间隔T内，在既定置信水平a的条件下，由市场风险所带来的金融资产的潜在损失，可以表示为如下公式：$a=P(\triangle V \leq -VaR)=F(-VaR)$其中，a是置信水平，F是描述资产组合价值变化的分布函数。该公式表明在持有期T内，头寸损失大于VaR的概率为1-a。即在置信水平a下，某资产的持有者在持有期T内，由于市场风险所带来的损失不会超过VaR。

从VaR的概念中可以发现，VaR由持有期、置信水平与风险分布特征三个要素组成。持有期由风险资产持有者的偏好及资产流动性决定，通常流动性越低的资本其持有期越长；置信水平代表了投资者对市场风险的接受能力，越稳健的投资者所设置的置信水平通常也越高；风险分布特征由金融机构对市场风险的概率分布模型测算而来，风险管理能力越强的金融机构，获得到风险分布特征通常也越准确。

VaR模型之所以能够在众多的风险度量模型中脱颖而出，主要原因是它提供了一个单一的量化指标，可以非常容易地将复杂的市场风险转化为直观的数字高低，并且能够在一个度量单位下衡量不同类型、不同市场的资产组合风险。这使得VaR可以突破传统风险度量模型的限制，除了风险度量的工具外，VaR的这种特性使得它还可以兼具以下作用：

1. 风险披露与信息报告的工具。VaR简明易懂的特性决定了它可以作为向股东与董事会进行风险披露的工具，同时为这两者提供一个直观的决策评估度量，并反映出金融机构对于风险的管控能力，即使股东或管理层不具备任何金融专业知识也可以很容易地根据VaR来判断可能的风险。

2. 绩效评估与资源配置的工具。传统金融行业中，交易员的业绩是依据其盈利能力来进行评价的。这一评价体系并没有考虑到不同金融市场中交易员面临的市场风险并不相同这一前提，而VaR的出现使得这种评估成为可能。VaR模型是对市场风险的理性"预测"，这有助于管理层合理的评价交易员的盈利能力，并根据VaR来调整资产组合，实现盈利目标。

而VaR模型的局限性也同样明显，首先，VaR模型是专门针对市场风险开发的数学模型，在设计之初所考虑的"正常状态下的市场风险"往往与实际情况有所偏差，在现实世界中，市场上存在着"黑天鹅"事件，即小概率的巨大风险事件，一旦发生则会对市场造成巨大影响，而 VaR 模型设计之初便忽略了这点。其次 VaR 模型的局限性决定了它在衡量市场风险方面有着广泛的应用，但针对信用风险、操作风险等则难以量化。第三，VaR 模型的精度受制于风险分布特征的测算，使用不同模型测算的 VaR 值往往差异巨大，因此在实际应用环境中往往要求对 VaR 计算结果进行返回校验。第四，VaR 对风险的高度单一化度量容易造成误解，即只要选择 VaR 值较低的资本组合就一定是正确的，这会导致风险管理的唯数据化倾向。作为一个完整的体系，金融风险管理涵盖了风险的识别、风险测量与风险控制三个过程，三个环节相辅相成，缺一不可，单纯依赖风险测量是不可取的。最后，VaR 模型不具备可加性，即在一般情况下，投资组合中各个组成部分的风险之和可能大于投资组合的整体风险，这无疑违背了投资组合的初衷。且用 VaR 对投资组合进行优化时，局部上的最优解往往不是全局最优解，这大大增加了 VaR 模式在实际应用中的处理难度。

（二）CVaR 模型

有鉴于 VaR 在实际应用中存在的问题，相关学者在 1997 年提出了风险度量的一致性标准。一致性风险度量模型认为，只有当一个风险度量模型满足如下条件时，才能被认为是一个完美的风险度量模型：

其一，单调性。$X \in V$，$X \geqslant 0 \rightarrow p(X) \leqslant 0$

其二，次可加性。$X \in V$，$Y \in V$，$X+Y \in V \rightarrow p(X+Y) \leqslant p(X) + p(Y)$

其三，正齐次性。$X \in V$，$h>0$，$hX \in V \rightarrow p(hX) = ph(h)$

其四，平移不变性。$X \in V$，$a \in R \rightarrow p(X+a) = p(X) - a$

次可加性满足了投资组合的基本原理，即多样化的投资策略能够有效规避风险；而单调性则将优质资产与劣质资产进行了区分；正齐次性是从资产的流动性角度来考虑风险的度量；而平移不变性则对收益与风险之间的关系进行了考量。这四种性质在经济学上是很容易被解释的。一致性风险度量模型是主观风险函数，对风险有厌恶性，其模型结果比 VaR 方法更精确。但其实际计算难度很大，计算过程复杂。在此基础上，CVaR 模型被提出。

一般情况下金融产品的价格都呈现出典型的"尖峰厚尾"特征，因此正态分布下的 VaR 虽然满足了可加性条件，但却失去了实际意义。在前文中，笔者通过实证研究证明了我国碳金融市场的收益率目前存在尖峰厚尾特征，资产收益率不符合正态分布。在这种情况下，VaR 模型不满足子可加性的特点便成了一个不可忽视的缺点。由于其不满足一致性原则，将导致 VaR 模型在碳金融市场上度量失效，而 CVaR 模型在金融产品呈现尖峰厚尾特征时依然满足可加性。因此，在我国碳金融市场，用 CVaR 来度量风险显然优于 VaR。CVaR 方法可以被视为 VaR 方法的"进化"，有效地弥补了 VaR 方法在投资组合中存在的不可加性所产生的纰漏。然而，CVaR 方法也并非是十全十美的风险测量工具，尚存在许多不足。

CVaR 的计算复杂度要远超 VaR，对样本的可靠性要求更高；其次 CVaR 的校验难度要大于 VaR，目前尚未有特别有效的校验模型能够对 CVaR 模型的准确性进行检验。这是由于 CVaR 的特性所造成的，不同于 VaR 校验过程中直接计算实际损失超过 VaR 值的频率，CVaR 模型需要将估算的 CVaR 值与实际损失超过 VaR 值的期望进行对比，所需数据样本数量大大增加的同时还降低了检验的精确度。但即使如此，CVaR 模型仍然是目前最为有效的风险度量模型之一。

二、CVaR 和 VaR 进一步比较

在上文中我们曾就 VaR 模型与 CVaR 模型的数学基础进行了回顾，与 VaR 模型相比，CVaR 方法是在 VaR 方法的基础上对其缺陷进行改进而提出的新型风险度量方法，因此，它比 VaR 方法更能反映资产或资产组合所面临的潜在风险。尽管 VaR 在通常情况下并不具备可加性，但这并不代表 VaR 就失去了实际应用价值。在如前文所述的当组合中各资产的损益服从联合正态分布且置信水平小于 0.5 的特殊情况下，或是当资产虽然具有厚尾特征，但当组合中各资产的损益服从椭圆分布时，VaR 依然具备可加性。考虑到在实际交易过程中风险度量模型通常要与其他风险度量理论共同使用，很少有仅采用单一风险度量指标，而 CVaR 的运算复杂度要远超 VaR，在单一资产风险计算上较 VaR 方法并无优势。因此在实际操作过程中 VaR 方法仍然具有高度的可操作性，下文中我们将详细比较 VaR 模型与 CVaR 模型的异同。

相关学者认为 VaR 的优点可以被概括为：一致性、通用性、客观性与易用性四个方面。前文中已经对此有过详细叙述，在此不再冗述。而 CVaR 方法作为由 VaR 方法演化而来的风险度量模型，当然也具备这些优点，VaR 与 CVaR 方法的共同特点主要表现在以下几个方面。

1. VaR 和 CVaR 都是下方风险控制指标，都反映了"风险即潜在损失"这一现代风险管理理念，具有良好的预警性，而传统风险控制模型大多是事后模型。VaR 与 CVaR 方法与下分位数概念息息相关，因此所计算的是半边风险概率，对风险的度量较为科学。

2. 两种模型都直观易懂，在合理度量的情况下，两种指标都能令投资者确

切的了解所持有的资产组合的风险规模。投资者还方便地根据自己对风险的厌恶程度调整置信水平，以控制风险水平，最大化自己的投资策略。

3. 两种方法都允许用单一指标来对风险进行测量，这使得投资者可以非常方便地比较不同市场的头寸，从而大大简化了投资者在面对多种资产组合时，因为不同市场环境所带来的风险差异。从而达到化繁为简的目的。

上文中我们已经阐述过 CVaR 具备良好的子可加性，这也是 CVaR 模型最大的优点之一。除此之外，VaR 模型在设计之初缺少对尾部事件的抵抗力，而这种黑天鹅事件数量虽然稀少，但一旦发生，则可能导致系统性风险，引发金融机构破产。这恰恰是近年来几次金融危机爆发的主要诱因之一。因此金融机构与监管当局都对这种风险巨大的尾部事件异常关注。且 VaR 模型计算严重依赖风险损益分布模型，这使得投资者在使用模型时会有意识地选择那些潜在损失更小，但却完全忽略尾部事件的损益分布模型，下面举例说明。

假设有两种股票 X1 和 X2，购入价格均为 1000 元，当经过时间 T 后，两种股票的价值分布情况如下：可能性 1：X1 为 1000，X2 为 1000，概率为 95%；可能性 2：X1 为 900，X2 为 900，概率为 1%；可能性 3：X1 为 800，X2 为 800，概率为 2%；可能性 4：X1 为 500，X2 为 800，概率为 1%；可能性 5：X1 为 400，X2 为 800，概率为 1%。

显然，股票 X1 的尾部风险要远大于 X2，在极端情况下，X1 可能损失超过 60% 的价格，而任意情况下 X2 的损失都不会超过 20%。当置信区间在 95% 时，经过时间 T 后，两种股票的 VaR 与 CVaR 值计算如下：VaR 模型计算得到两支虚拟股票的风险值均为 300，而 CVaR 模型计算的风险值分别为 320 和 180。这不仅符合投资者的心理预期，同时也说明了 CVaR 模型对尾部事件良好的控制能力。而 VaR 则不具备这种能力。

同 VaR 模型相比，CVaR 模型在统计学特性上具有较大的优势，这一点在计算投资组合时尤其重要。CVaR 在任意置信水平上都呈现出连续性，而 VaR 则不然；同时 CVaR 的特点使其可以容易地将投资组合计算转变为线性规划问题，有利于减少计算规模，利用计算机求解方便快捷，这在进行大型投资组合分析时显得尤为重要。

VaR 与 VaR 优缺点比较：VaR 模型的优点是：直观风险度量、计算复杂度较低、可以进行事后检验；缺点是：不具备子可加性、需要合理选择风险分布特征模型、对尾部事件的抵抗力低、不便于应用于投资组合模型中。CVaR 模型的优点是：具备子可加性、对尾部风险控制较好、不依赖市场风险分布特征模型、应用于投资组合时计算优势明显；缺点是：计算复杂、难度大、缺乏有效的事后检验手段。

三、不同计算方法间的比较

VaR 模型的计算依赖于风险特征分布模型的选择，目前主流的风险特征分布模型可以分为三大类：历史模拟法、参数法（方差——协方差法）和蒙特卡罗模拟法。因为方差——协方差法无法处理尖峰厚尾问题，因此文章不再讨论方差——协方差法，而主要讨论历史模拟法与蒙特卡罗模拟法之间的差异。在上文中我们已经就 VaR 与 CVaR 的数学定义进行了较详细的介绍，由于 CVaR 实际上是损失大于某个给定的 VaR 值条件下的期望损失，其计算极大地依赖于 VaR 值，而其事后检验又相对困难，因此我们在本部分只针对历史模拟法与蒙特卡罗方法下的 VaR 值有效性进行讨论并加以检验。

（一）历史模拟法

历史模拟法基于有效市场假设，因为完全意义上的有效市场永远不可能实现，通常现实中的金融市场是介于半强有效市场与半弱有效市场之间的。而根据有效市场假说，半有效市场中市场价格反映了全部的以往历史数据，即根据对以往历史数据的模拟，我们可以得到未来价格变动的趋势。

因此历史法应运而生，这种方法是非理性的。其核心思想是根据某金融产品以往的历史价格来估测市场的未来损益分布，因此历史法不需要任何分布假设，也不依赖于模型选择。相反，金融市场的历史交易数据样本与市场的有效性才是决定历史法成败的关键。而当某些金融市场因种种原因，导致投资者无法获得足够多的历史数据（如交易数据保密、遗失或是新兴市场缺少足够的交易数据）时，则选取与该市场相关的风险因子代替该市场的历史交易数据来进行计算，由于此时并非是通过历史数据样本得到的未来损益分布模型，而是通过对历史交易数据的"模拟"得到的未来损益，因此这种方法被称为历史模拟法。历史法的计算十分简单，我们如果想计算某种投资组合的 VaR，则只需要以下步骤：

1. 获取该投资组合的历史价格数据 P_t（t=1，2，……，T）。

2. 根据历史价格数据构建历史价格波动序列 $\triangle P_t$（t=1，2，……，T−1）。

3. 将目前时刻价格定义为 P_0.

4. 构建未来价格波动序列 $P_{0+t}=P_0+P_t$，并将其进行排序。

5. 根据投资者的风险厌恶程度选取置信水平，计算分位数，得到 VaR。

历史模拟法的计算原理和步骤与历史法极其相似，计算某种投资组合的 VaR，需要以下步骤：

（1）定义投资组合的风险因子 F（i）（i=1，2，……，n）。

（2）获取风险因子的历史价格序列 Fit（i=1，2，……，n，t=1，2，……，T-1）。

（3）将风险因子的当前值定义为 Fit，则根据历史价格序列可以得到风险因子的变化量，两者相加可得到 Fi,t=Fi,o+Fi,t（i=1，2，……，n,t=1，2，……，T-1）。

（4）通过对风险因子未来价格序列，r，来计算出资产组合的当前价值 P。和未来价值序列 PO+t=PO+Pt。

（5）根据投资者的风险厌恶程度选取置信水平，计算分位数，得到 VaR。

历史模拟法计算简单，易于理解。其有效性依赖于市场有效性，而不依赖于分布假设与模型选取，因此可以十分容易地应用于任何形式的市场风险计算。但历史模拟法也同样具有一些缺点，比如对历史数据的要求比较高，依赖于市场的成熟程度等等。

（二）蒙特卡罗法

蒙特卡罗法也称统计模拟法，其核心思想是当某种问题可以被抽象为随机变量的期望时，而我们又无法直接得到相关概率模型时，则可通过模拟的方法，通过生成大量随机数据达到模拟该随机变量概率分布特性的随机数值序列。从而逼近该问题的解，蒙特卡罗的一般解法如下：

1. 模型构建

将问题抽象为概率模型，对于确定性问题，则认为构建一个概率过程，使其参量恰好为我们所求的解。而对于本身就具有随机性的问题，如金融市场价格波动，则只需要找出一个能够正确模拟该过程特点的概率模型即可。

2. 从已知概率分布抽样

作为系统的抽样输入进行数字模拟试验，得到大量的模拟试验值。

3. 问题求解

对模拟试验结果进行统计处理（计算频率、均值等特征值），给出所求问题的解和解的准确度估计。在此基础上，我们给出通过蒙特卡罗法计算 VaR 的运算步骤；

（1）构建资产组合的风险分布模型。这里我们以在股票等金融产品中被广泛应用的广义布朗过程为例。我们将某种资产组合在持有期 dt 内的价格变量定义为 St，则可得到：$dSt=\mu tStdt+o tSt\varepsilon dt$，其中 ε 表示一个服从标准正态分布的随机变量。

（2）从已知概率分布抽样。我们利用计算机，生成随机序列：εi（i=1，2，……，n），进而计算出价格的变化趋势 St+i（i=1，2，……，n）。

（3）如果是风险因子则需要用适当的定价模型模拟出相关资产的价格序列。如买入的期权价值 C_{t+i}（$i=1$，2，……，n），并计算收益率（dC/C）$_{t+i}$（$i=1$，2，……，n）。

（4）根据投资者的风险厌恶程度选取置信水平，计算分位数，得到 VaR。

蒙特卡罗法能够比较有效的模拟随机事件，但运蒙特卡罗法计算 VaR 值有赖于模型选取。同时蒙特卡罗法的收敛速度较慢，误差具有概率性。因此在实际问题求解的过程中，应当适当的选取合适的模型进行运算。

（三）基于实证的碳交易市场历史模拟法与蒙特卡罗法比较

历史模拟法的优点在于计算相对简单，不需要对收益率分布进行假设，能够较好地处理非线性与市场大幅波动。但历史模拟法需要大量历史数据，预测效果差，难以分析灵敏度，波动性较大。相比之下蒙特卡罗法虽然有计算复杂、数据模拟性差的缺点，但通过计算机模拟便可完成对总体特征的推断，不需要大量的历史数据，适应性大大强于历史模拟法。

我国碳交易市场成立时间较短，有效交易日偏低，历史模拟法在这种情况下不能完全反映出我国碳交易市场的风向状况。我们选取北京碳交易市场的交易数据，数据样本为从北京碳交易市场开放起，到 2020 年 1 月 9 日止的成交均价。采用对数日收益率时间序列来刻画碳金融市场的价格波动。分别采用历史模拟法与蒙特卡罗法来计算北京碳交易市场的 VaR 值，结果如下：

在样本数量为 199，置信水平为 90% 的情况下：历史模拟法的均值为 — 0.0315，最小值为 –0.0631，最大值为 — 0.0047；蒙特卡罗法的均值为 — 0.0438，最小值为 — 0.0676，最大值为 — 0.0304。在样本数量为 199，置信水平为 95% 的情况下：历史模拟法的均值为 — 0.0560 最小值为 — 0.0642，最大值为 — 0.0405；蒙特卡罗法的均值为 — 0.0550，最小值为 — 0.0625，最大值为 — 0.0499。在样本数量为 199，置信水平为 99% 的情况下：历史模拟法的均值为 — 0.0864，最小值为 — 0.2218，最大值为 — 0.0189；蒙特卡罗法的均值为 — 0.0715，最小值为 — 0.0829，最大值为 — 0.0474。

可以看出，历史模拟法的波动要远大于蒙特卡罗法，在置信水平提高的情况下尤其如此。VaR 模型的准确性检验方法很多，其中失败频率检验法是比较直观、有效的模型检验方法，使用起来也比较简单、易行。

在零假设的条件下，统计量 LR 服从自由度为 1 的 X2 分布。我们以 199个交易日内前 99 个交易日的对数收益率数据为时间窗口，通过每次移动一个窗口，计算后 100 个交易日的每日 VaR，将每日实际损失超过 VaR 的估计记为失败天数。选择置信度为 95%，期望的失败天数为 100x5%=5 天。在零假设成立的条件下，统计量 LR ~ X2（1），自由度为 1 的卡方分布的 95% 置信区间临界值为 3.84，当 LR>3.84 时，我们就认为 VaR 模型已经失效。

由此我们可以得出如下结论：1、蒙特卡罗法在当前情况下通过了模型检测，能够较好地衡量我国碳交易市场存在的风险。2、历史模拟法没有通过模型检验，不能完全反映出我国碳交易市场中存在的风险。这部分程度上是由于历史模拟法假定市场因子的未来变化与历史变化完全一样，而我国的碳交易市场尚不成熟，市场风险与历史相比存在更大幅度的波动，所以历史模拟法在测量我国碳交易市场风险运用上存在一定局限性。

四、基于实证的我国区域碳金融交易市场 VaR 与 CVaR 值比较

文章抽样选取前述 6 个碳交易市场的交易数据作为研究对象，数据样本为从各市场开放起，到 2020 年 1 月 9 日止的成交均价。采用对数日收益率时间序列来刻画碳金融市场的价格波动。用蒙特卡罗法计算出不同置信水平下六个碳交易市场的 CVaR 值与 VaR 值，并将其互相比较。

北京交易市场，在样本数量为 199，置信水平为 90% 的情况下，VaR 模型的均值是 — 0.0438，最大值是 — 0.0304，最小值是 — 0.0676，CVaR 模型的均值是 — 0.0544，最大值是 — 0.0492，最小值是 — 0.0576；上海交易市场，在样本数量为 195，置信水平为 90% 的情况下，VaR 模型的均值是 — 0.8603，最大值是 — 0.7174，最小值是 — 1.0311，CVaR 模型的均值是 — 1.3138，最大值是 — 1.1771，最小值是 — 1.3889；天津交易市场，在样本数量为 201，置信水平为 90% 的情况下，VaR 模型的均值是 — 0.0707，最大值是 — 0.0639，最小值是 — 0.0784，CVaR 模型的均值是 — 0.0919，最大值是 — 0.0857，最小值是 — 0.1013；深圳交易市场，在样本数量为 303，置信水平为 90% 的情况下，VaR 模型的均值是 — 0.1359，最大值是 — 0.1099，最小值是 — 0.1620，CVaR 模型的均值是 — 0.2081，最大值是 — 0.1790，最小值是 — 0.2356；湖北交易市场，在样本数量为 186，置信水平为 90% 的情况下，VaR 模型的均值是 — 0.0251，最大值是 — 0.0236，最小值是 — 0.0292，CVaR 模型的均值是 — 0.0330，最大值是 — 0.0305，最小值是 — 0.0350；广州交易市场，在样本数量为 126，置信水平为 90% 的情况下，VaR 模型的均值是 — 0.1413，最大值是 — 0.1264，最小值是 — 0.1453，CVaR 模型的均值是 — 0.1702，最大值是 — 0.1669，最小值是 — 0.1717。

北京交易市场，在样本数量为 199，置信水平为 95% 的情况下，VaR 模型的均值是 — 0.0550，最大值是 — 0.0499，最小值是 — 0.0625，CVaR 模型的均值是 — 0.0630，最大值是 — 0.0544，最小值是 — 0.0718；上海交易市场，在样本数量为 195，置信水平为 95% 的情况下，VaR 模型的均值是 — 1.1749，最

大值是－1.1022，最小值是－1.2770，CVaR 模型的均值是－1.4175，最大值是－1.3666，最小值是－1.5169；天津交易市场，在样本数量为 201，置信水平为 95% 的情况下，VaR 模型的均值是－0.0654，最大值是－0.0548，最小值是－0.0771，CVaR 模型的均值是－0.0781，最大值是－0.0658，最小值是－0.0922；深圳交易市场，在样本数量为 303，置信水平为 95% 的情况下，VaR 模型的均值是－0.2061，最大值是－0.1900，最小值是－0.2272，CVaR 模型的均值是－0.2524，最大值是－0.2139，最小值是－0.2938；湖北交易市场，在样本数量为 186，置信水平为 95% 的情况下，VaR 模型的均值是－0.0324，最大值是－0.0310，最小值是－0.0346，CVaR 模型的均值是－0.0370，最大值是－0.0358，最小值是－0.0385；广州交易市场，在样本数量为 126，置信水平为 95% 的情况下，VaR 模型的均值是－0.1148，最大值是－0.1023，最小值是－0.1254，CVaR 模型的均值是－0.1381，最大值是－0.1328，最小值是－0.1456。

由以上两组数据可知，CVaR 与 VaR 的变化趋势相同，但前者始终比后者偏大，特别是在面临市场剧烈波动，即风险较大时，CVaR 值比 VaR 大得更多。由此可见，采用 VaR 进行风险值度量，容易导致风险低估，而且风险越大低估越明显，所以应采用更加客观保守的 CVaR 方法与 VaR 相比，使用 CVaR 进行风险度量，更满足风险管理的谨慎性原则。因此从总体上说，CVaR 是一种可以覆盖更大范围下方风险的风险度量工具。

五、CVaR 方法在我国碳交易市场风险度量应用中存在的问题

由于 CVaR 风险测量方法具有可以综合度量市场风险的特征，而且比 VaR 风险测量方法更加全面与合理，所以它在国际金融市场上将有着巨大的应用空间，同样，应用 CVaR 对于我国的碳交易市场的风险度量是有着重大意义的。但上文中我们可以看到，现阶段 CVaR 模型应用于我国碳交易市场风险的度量还不成熟，还存在以下几个问题。

（一）我国缺乏使用模型所必需的大量数据

从前文中可以看出，虽然蒙特卡洛方法计算下的 VaR 方法与 CVaR 方法对历史数据以来程度较低，但在大多数情况下波动性的测量和收益分布的确定都需要有大量的历史数据来支持。我国的碳交易市场起步很晚，产品种类单一，样本数量极其稀少，大多数交易所连超过 300 个交易日的交易数据都无法提供。这使得 VaR 与 CVaR 模型的建立及其有效性检验都面临着巨大的压力。

（二）风险管理与监管的配套设施建设不足，缺乏高素质人才

尽管 VaR 体系已经相当完善，CVaR 方法也有着很好的说明性，但模型的

建立和计算过程还是相当复杂的，尤其在应用蒙特卡罗模拟法的时候，没有计算机相关软件的辅助，几乎是不可能完成运算的。这两种风险测度方法都是建立在统计学、数理知识，甚至是系统工程知识的基础上，在实际应用中需要大量的专业人才及相应的制度安排，这对我国目前的风险管理现状是个不小的挑战。

（三）缺乏统一的全国性碳交易市场

CVaR 不同于 VaR 模型的一个重要特性是其可加性，因此只有在计算投资组合时才能体现出 CVaR 模型的优势。但目前我国碳交易品种单一，7 个交易所分布在不同省市，成交量十分有限，尚不具备构建投资组合的充分条件。只有构建全国性的碳交易市场，打破地域限制，扩大碳交易品种，才能让 CVaR 模型真正发挥作用。

（四）不规范的政策导向极大地影响了市场风险度量

我国的碳交易市场目前仍处于起步阶段，各项配套法律法规与政策尚未完全落实。交易价格不能完全由市场决定，政府行为对价格影响极大，降低了金融资产市场化配置的效率，导致了金融资产价格的非市场化，使价格变动的风险在很大程度上被放大了。因此理论计算出的 C VaR 值往往无法预料到可能的政策风险，从而导致风险测量失效。

第七章　我国碳金融市场风险防范策略与建议

　　我国碳金融市场发展潜力巨大，但是目前还处于初级发展阶段，碳金融市场乃至整个金融市场与发达国家相比都不够完善成熟，主要问题表现为：交易体系的不完善，交易规则的制定以及一些碳测算、碳足迹盘查等技术水平有待提高，面临着交易定价权的缺失，期货市场的价格发现功能尚未完全发挥作用；配套的服务体系不健全，不能为企业进行碳交易提供专业化的服务；碳金融政策支持体系不到位，碳金融相关的立法工作欠缺，未能对碳金融的法律地位予以确认；此外还存在着交易品种不够丰富、缺乏碳金融产品和服务创新、交易平台割据、碳金融方面的人才匮乏等问题。针对存在的这些问题，本章将提出建设性的政策建议，以期我国碳金融市场的发展框架早日实现。

一、风险防控策略的选择原则和思路

　　风险防范的本质是风险识别、风险评估和风险控制，也就是在监管机构和金融机构共同参与下，建立一个可以对风险进行识别、度量以及控制的机制，这种风险防范机制一般包括风险管理体制、风险评价体系、风险防范运行机制以及政策决策体系等。

　　不同类型的金融机构，或者同一金融机构不同的金融业务所面临的风险各有不同，即使风险相同，金融机构所采取的风险防范策略也有可能不一样。然而，所有金融机构防范风险的思路和原则是一致的，一般来说，常见的风险防范原则有风险识别，风险规避，风险评估和风险控制。

　　通过前面对风险防范的内容和原则的简单了解，我们可以总结一下风险防范的大概思路：首先，要在风险发生前识别风险，并采取一系列措施遏制其发生，找出风险源头，从源头上消除风险。其次，风险真的发生了，采取措施减少其产生的不利影响。最后，要找出导致风险产生的深层原因，这些深层原因一般隐藏在政策体系、运行机制或金融组织体制中。分析这些原因要从金融机构层面、政府层面和国家层面来进行，然后从根源上找出防范措施，才能有效地防范碳金融风险。本章将碳金融风险的防范融入各个体系中，从银行、政府、国家层面来分析碳金融防范的措施。

二、运用技术手段建立碳金融风险防控体系

碳金融并非是完全的市场产物，从其形成之初就无法摆脱其身上浓重的政治印记，因此碳金融市场的运营也不能完全交给市场。政府应主动承担监管责任，建立严格而完善的碳金融风险防控体系。应从风险监控机制入手，构建涵盖碳金融交易市场风险评估、风险监控的一整套风险防控体系，力争做到全过程监控，实现防控的实时和有效。

（一）构建我国碳金融风险监控机制

碳金融市场准入制度是金融风险防范和创新工具交易风险防范的第一关，政府应建立起全面的碳排放权交易准入机制，成立专业监管机构，对参与碳排放权交易的企业进行资格审核，严格审核交易机构的准入资格，组织全国统一的经纪人从业资格考试，将交易的规模与风险牢牢地控制在一定规模上。对碳金融产品的创新应持谨慎的欢迎态度，允许试错，但要严格控制其风险。在行业自律方面，中介机构首先要明确自己在市场中的性质与重要地位，明确自己的市场行为可能造成的风险和社会责任，从而提高其自律管理的自觉性及行业自律的重要性和权威性。市场监管体系是政府监管和行业自律相结合的监管，政府发挥的是主导监管的作用，行业自律为行业和市场稳定保驾护航。中介机构所形成的协会制度可以使全体成员共享资源，增强合作并减少成员间的利益冲突，监督成员的交易活动的合规性，对违规行为及时发现和制止，维护市场秩序。

（二）构建我国碳金融风险管理体系

1. 构建我国独立的碳交易系统

欧盟独立交易系统（CTTL）可作为我国碳金融市场的构建的模板，我国的碳金融市场也应该建立这样的独立交易系统，通过这个系统可以对每笔场内交易均进行实时跟踪监控与管理，从而可以杜绝违规交易的发生。欧盟独立交易系统（CTTL）系统也存在监管盲区，无法监测资金所有权与资金流向，所以要为确保系统的运行成效，交易所需要定期请专业技术公司为独立系统进行评估和更新。

结合欧盟 EUETS 价格崩盘的教训，以及欧盟建立的碳金融风险应对措施，中国碳金融市场交易，一方面要建立独立统一的交易系统，另一方面建议我国碳金融交易市场应建立基于独立统一的交易系统的风险监测体系，构建中国独立碳交易系统及风险监测体系，要针对每个交易过程，交易系统都应按照以下三个步骤进行交易。

第一步，建立握手协议。每次交易申请提出后，交易系统都要与交易所建立加密的通讯通道，确认交易者信息、交易状态及交易可行性。并将确认结果返回交易所。第二步，实现进一步核查功能。一旦交易所与监视系统握手成功后，则交易系统会对交易者与被交易对象持有的排放权指标进行核查，对所在的注册系统进行核查，以确保交易的合法性。交易系统会自动评估每笔交易的风险，对超出系统风险阈值的交易，系统将强制中止交易，并将日志提交给监管机构。第三步，实行系统大数据的日志封存。每日交易结束后，交易系统应保存交易快照，对关键交易数据进行备份，以备日后查询。第四步，基于适时交易信息，建立风险监测预警系统，对可能出现的极端价格波动和异常交易，施行监测后的系统暂停交易等应对措施。

2. 尽快建立我国的碳信用评级体系

碳信用评级是风险防范的一道重要的防线，应充分地发挥碳信用评级在碳金融监管中的作用，既可以客观有效地评价碳金融主体的信用情况，碳金融参与机构的业绩，又有利于形成良性竞争机制，而且可以客观地指导碳金融机构市场行为，维护碳金融市场的正常运营，交易主体的理性投资，规避潜在市场风险。碳金融市场的发展目标是完全市场化运行，金融监管的最终理想化目标是监管的市场化，从而使本土碳金融机构信用评级体系的建立成为必然。目前我国碳信用评级市场主要被国际评级机构所主导，国内相应机制尚未建立起来，国内的碳信用评级呈现过度依赖国外评估机构的局面，这种局面不利于维护我国金融安全，也不利于我国争取国际碳金融市场主导权。因此，建议我国尽快建立自己的碳信用评级市场和碳信用评价体系，只有这样中国才能逐步获得国际碳评级话语权。

3. 强化碳交易信息披露制度

交易信息披露是市场中最关键的要素，信息不对称会产生道德风险和逆向选择。美国2008年金融危机产生的主要原因是信息不对称，金融机构利用自己的信息优势在按揭贷款资产证券化过程中掩盖了风险，使风险不断积聚，最后导致危机。目前的碳金融市场是一个由发达国家主导的买方市场，发展中国家处于摸索和被发达国家牵动的局面。作为弱势群体的发展中国家必须联合起来，才可能从碳金融交易中获得主动权，才可能更好地利用清洁发展机制发展本国经济和提高技术。所以发展中国家应该建立碳金融的信息交流平台，互享信息资源，利用信息优势提高发展中国家在国际碳交易中谈判能力，从而避免发达国家假公济私的行为，避免道德风险。具体实施过程可以采取循序渐进的原则，首先应健全中国的金融监管信息系统，然后在条件成熟时建立中国碳金融交易与监管信息中心，该中心专门从事有关信息的收集、整理、发布和研究，并发展其成为发展中国家谈判的共享信息，以保证我国碳交易市场和主体的长期稳定和安全性，达到提高金融监管效率的目的。

4. 以 CVaR 指标为核心，构建监管体系

风险管理与控制是我国碳交易市场管理、创新与监管的核心，而科学合理的碳金融风险评估体系构建则是碳金融风险管控的重中之重。在前文中，我们对目前风险管理领域中常用的各种风险度量模型进行了较为详尽的介绍，并针对我国碳交易市场的历史数据进行了 VaR 与 CVaR 模型的实证分析，结果显示，VaR 及 CVaR 模型在衡量市场风险方面具有较高的实用价值。在风险度量方面，单一风险度量指标有着组合风险度量体系无法比拟的优势，组合风险度量体系中不同的指标和指标组合的判断准则有差异，可以根据指标到达阈值的多寡来判断风险和危机发生的大概概率，要获得准确的预警概率阈值需要加入个人的主观判断，这种差异也是较大的。

因此，应以 CVaR 作为核心指标，构建我国碳交易市场风险管理体系。监管部门可以利用 CVaR 对碳交易进行实时监控，对各个交易市场 CVaR 值进行监控，并可以对以及单个市场、单个交易者的成分日 CVaR 值进行监控，及早发现风险并预防风险。监管部门不但可以对一定风险周期内的 CVaR 值进行监控，而且可以按照周期内的实际损益进行对比。在风险监控体系中设置预警线，当 CVaR 值超过阈值则自动报警，监管部门有权要求相关交易者或是交易市场给出合理解释，以确定是否存在过度投资和投机行为，确认是否存在系统性风险，并视情况启动应急预案。监管部门也可以根据这一指标来进行宏观政策调控建议，从政策面管理风险。

三、商业银行碳金融风险防控策略

（一）构建商业银行碳金融内部风险管理长效机制

建立风险防控对策的最终目的是帮助金融机构防范、控制和化解风险，其作用不仅能够通过有效的识别、管理、监控系统以防范各种日常风险的发生，还能有效地应对经济周期性波动和产业结构调整所带来的冲击。当然，要想做好风险管理工作，需要多个部门、多个机构的参与和支持，在大家的一起努力之下才能够建设好完备的风险机制，才能使一系列的风险预防措施更加具有可行性。商业银行应当加大对此方面建设的重视力度，从内部开始做出改变，从而形成一套针对碳金融业务风险内容的有效管理机制，促进银行的可持续发展。

1. 构建全面有效的碳金融交易风险预警指标体系

风险预警是商业银行进行风险防范的最重要的步骤，它主要运用定量或定

性或二者相结合的方式对风险进行识别、判断，并采取相应措施予以防范。对于商业银行来说，常见的风险预警指标主要有资本充足率、流动性比率、不良贷款率、存贷款增长率、固定资产比例等，除了这些定量指标之外，还有定性指标，定性指标主要包括公司的治理结构、风险控制能力和内控制度是否完善等。

商业银行如果能够建立有效的风险预警机制，就能够及时了解碳金融风险的信息，尽快矫正风险收益不对称的情况，同时，风险预警机制也有助于银行减少逆向选择的发生。对于商业银行碳金融风险的预警体系，可以在原有风险预警机制的基础上，专门针对碳金融自身的特点加入新的指标。比如在定量指标中，可以在原有指标中加入碳金融项目审核通过率，汇率波动、碳金融项目的信用评级等，这些指标加入之后就需要重新进行计算权重，当然也要根据业务的变化来调整权重大小，从而建立有效的风险预警体系。定性指标中可以加入CDM项目风险管理水平，公司内部控制制度和该项目的人员素质等一些指标。总之，要建立碳金融风险的风险预警体系，需要在原有风险预警体系的基础上融入碳金融风险自身的特征，从而确保风险预警体系的有效性。

2. 构建健全的碳金融交易风险管理组织框架

构建完善合理的碳金融风险管理组织框架需要考虑到"三性一化"，即统一性、个体性、垂直性以及扁平化的特征，从这些角度出发进行风险管理才能切实有效的发挥管理工作的职能。为有效应对新的风险，我国商业银行应改变当前风险分散确立的管理现状，建立互相独立、垂直管理的内部风险组织框架，主要有以下几点：（1）让相关管理部门成立一个专门的管理设计小组，对风险进行管理评价，制定专门的决策和战略目标，引导管理工作的方向。（2）要想贯彻落实管理工作，一定要注意各个部门之间的沟通交流，这样才能让所有员工都参与到风险管理的工作中来，才能使风险得到更好的监督。（3）各级分管部门主要负责人任职资格、期限及绩效的审批考核都由上一级分管部门负责实行。

碳金融业务有着自身的特殊性和专业性，故要求商业银行在逐渐加深介入该业务的同时，建立专门的碳金融风险管理组织，允许其直接对整个企业的各个部门的风险情况进行干预管理，设立专门的管理职位，培养知识储备丰富、熟悉碳金融业务各个流程并具有风险管理经验的人才，让他们担任该职位员工，直接负责碳金融风险的监控工作，采取授权到个人的授权管理方式和垂直管理方式。风险管理工作的第一步就是建设科学合理的管理框架，框架的设计能够让风险管理工作发挥出其最大的效益，能够让其在企业中有条不紊地进行，为企业创造最大的利益，把碳金融风险控制在可调控的范围之内。

3. 建设有效的碳金融交易风险防控机制

建设有效的碳金融风险防范机制是商业银行进行碳金融风险防范的关键环节，构建健全的碳金融风险管理机制，第一步要从企业内部做起，要彻底改变企业的管理结构，针对碳金融方面的内容进行管理机制上的设计，使其在碳金融风险管理方面发挥出最大的职能效益。完善管理机制需要从以下四项内容入手：（1）监视机制，银行进行碳金融业务工作的过程中应当注意建立 CDM 内容的监测体系，以实施对 CDM 项目的监测，及时掌握 CDM 执行理事会的运作程序，了解 CDM 项目审批注册流程，及时根据信息调整风控方向。（2）控制机制，风险控制机制的建立应重点考虑采取产业结构调整措施来应对气候变动风险，建立与能源部门监测和 CDM 项目设计书的核对机制，同时设立能力评估机制，以对 CDM 项目的生态环境改善能力进行评估。（3）实施机制，商业银行进行相关项目工程的实施时，首要应当考虑到的就是气候等自然因素的影响，对这些自然因素进行数据的调查和收集，能够让银行做出的决策更加具有可行性，能够在市场竞争中取得有利地位。（4）开发机制，主要面对商业银行进行气候变化方面的创新研究出一些工具和投资商品，用这些新型商品带动银行的碳金融业务发展，慢慢地形成一个各方面链接、供应缜密的开发机制。（5）零售机制，重点放在制定与气候变化相关的碳金融产品零售战略，开发碳基金产品。

4. 设计先进完善的碳金融风险管理技术

金融风险管理技术能够侧面反映出银行的实力强弱，同时也是银行在竞争中的有利筹码。随着时间的不断推移，相关研究人员已经开发出了多项有价值的技术。然而到目前为止我国商业银行仍然面临风险控制技术碎片化的问题，对此可以借鉴发达国家先进的银行风险管理技术，在借鉴的基础上根据具体的发展实情进行创新改革，研究出一套适合银行自身发展的管理机制，让先进的碳金融管理技术支持银行的发展进步，把宏观和微观的所有细小风险因素都控制在银行可调控的范围之内，让预防和发展相结合。微观风险预防方面，主要包含市场风险度量技术、流动性风险度量技术、项目风险度量技术、操作风险度量方法，信用风险度量技术等。

（1）预防和控制项目风险

我国商业银行开展的主要碳金融业务是 CDM 项目的自愿性市场，而自愿性市场缺乏合理有效的项目风险控制机制。目前我国 CDM 碳金融市场，面临着不完善的碳交易平台体系、不健全的碳交易市场制度、中介机构发展滞后、缺乏创新型的碳金融产品及碳金融业务能力强的技术型专业人才。

（2）预防和控制市场风险

利率风险和低碳产品价格波动风险是我国商业银行在开展碳金融业务时需

面临的主要市场风险类型，利率风险作为商业银行最主要的风险之一，为了规避和控制利率风险，最传统的措施就是一些新的减少或消除利率风险的金融工具应运而生，例如利率期货、利率期权和利率互换等。因此，在碳金融业务领域，建议商业银行积极研发碳金融相关的衍生产品，如天气期权、天气期货、碳排放类期货期权产品。我国现有的低碳产品价格主要是指碳排放配额、国内核证减排量（CCER）的价格波动。碳排放配额的价格波动，从需求—供给理论来分析，与市场规模和经济周期的波动高度相关。因此，通过市场分析及时捕捉各交易排放试点的交易信息，密切关注碳交易市场的动态信息和相关影响价格波动的政策导向，加大实地调研考察的力度熟悉市场交易环境，从而准确把握市场规模和经济周期波动的规律，提高碳价预测能力。

（3）预防和控制流动性风险

流动性管理是商业银行实现资产负债管理的重要手段，而商业银行对流动性风险的管理则是围绕流动性缺口制定资金流动计划，将流动性带来的风险降到最低。我国商业银行在碳金融领域遇到的流动性风险问题也应从资金流动计划制定并灵活执行的角度解决。因此，通过及时灵活的资金调度，适度控制资金存量，适时调节资金流量，有效地协调头寸供给和需求的关系，制定出合理的流动性计划，做好流动性预测，力争从多方面规避流动性风险，使商业银行具备良好的流动性管理水平，进而扩大其碳金融业务领域，增加其盈利能力。

（4）预防和控制信用风险

我国商业银行碳金融信用风险来源于CDM项目中存在的信用问题，即CDM项目融资债务不履行和CERs交付风险。其中，CDM项目融资债务不履行主要是由我国绿色信贷制度体系不完善导致的，因此，加强绿色信贷制度的管理，出台与国际接轨的我国绿色信贷标准。针对不同行业产品、不同产业的能源消耗、给环境造成的污染程度、绿色低碳技术型企业等做出明确界定，商业银行需定期考察绿色项目信贷方信息，根据所有信贷人情况不断调整信贷标准，以此作为提供绿色信贷金融服务的参考依据。对于规避CERs交付风险，国家应建立相关的法律法规，对于不按期履约的行为定期披露，并将不良的环保执行情况记录在全国统一的节能减排企业信息共享和反馈机制上，以便使商业银行再次选择绿色信贷客户时减少此种风险的发生。

（5）预防和控制操作风险

操作风险在我国商业银行碳金融业务方面的表现主要是由于突发事件引起的资产损失，因此，商业银行应该制定与国家政策配套的监管体系和风险补偿机制，商业银行必须根据碳金融业务的技术运作程序，分析突发事件的风险隐患和薄弱环节，针对不同产品和服务的特点商业银行要采取针对性的措施，制定风险补偿措施和办法，制定个性化风险补偿方案，通过结构化产品组合降低风险。如建立碳金融风险补偿工作机制，建立突发事件风险应对小组，专门负责预测未知风险，当突发事件发生后能以其强大的业务处理能力将突发事件造成的损失降到最低；通过及时对国外相关政策、处理风险事件的相关经验进行追踪学习，深入理解和把握不同类型碳金融业务操作风险，力求将碳金融业务的操作风险控制在合理的范围内。

（6）预防和控制其他风险

商业银行在开展碳金融业务时除了需面临上述五种主要风险外，还会面临来自经济发展和社会环境等宏观方面的不可抗力的影响，因此，为了全面控制风险，政府和商业银行应积极配合，共同应对来自经济、社会和环境方面的影响。首先，政府和商业银行要尽快根据国际气候政策的变化，随时准备承担国际社会给予我国的共同但有区别的减排责任，做好从碳金融领域交易身份角色转换的准备；商业银行要密切关注国际气候变化制度谈判的最新进展，及时调整与碳金融业务配套的交易规则，增强拓展和创新碳金融业务的针对性和适应性。其次，我国政府要出台一系列完整的低碳经济和低碳金融方面的政策法规，将财政贴息、投资优惠、减免税收、信贷担保等标准纳入其政策法规框架体系之中，全面提高商业银行的投融资能力和风险应对能力，进一步扩大商业银行的盈利水平，为商业银行碳金融业务的可持续发展提供政策保障和法律支持。

对以上几个方面的内容进行具体的研究设计，能够让碳金融风险的管理水平实现质的飞跃，能够以更加科学合理的管理方式去对银行内部进行风险的管理改革。当商业银行度量碳金融风险时，可以根据情况加入一些新的内容模型，或者是进行完全创新。

5. 建立可靠的碳金融风险内部评级体系

内部评级是银行对于一些重要交易信息进行处理的一种方式，能够真实有效地评价出交易客户的信誉情况。健全可靠的内部评级体系能够帮助银行解决潜在的风险因素，最大程度上减少风险的危害，提前做好预防措施。现阶段银行采用的几种最常见的评级方式是打分法，相关工作人员在进行了详细的客户调查之后，根据收集的数据进行打分，依照打分的高低来划分信用等级。打分法虽然应用广泛，但是仍然存有一些不足之处。比如说在进行数据收集时，往往只针对几个方面的内容，有着很强的片面性，这种片面性会影响到打分的真实性，使得得出的信用评级结果失去了参考价值。针对此方面，商业银行应当注意对评级方式的创新，不断吸取国内外的先进经验，完善内部评级系统，这样一来才能够真正意义上的实现对碳金融业务的风险控制。

6. 建立严格的碳金融风险管理责任追究机制

商业银行可建立专门针对碳金融风险的责任追究机制，风险管理责任追究机制除了要追究操作人员的责任，还要对风险管理人员进行责任追究。也就是说，如果碳金融风险发生是由于业务操作人员的过失或疏忽，那么就要对操作人员进行责任追究，如果风险产生的原因是风险管理人员的过错，则要追究高级管理人员和相关人员的责任。风险管理责任追究机制的建立可以增强操作人员的风险防范意识，从而降低风险发生的概率，对于高级管理人员的责任追究也在一定程度上提高了他们的工作效率，促使他们加强风险管理力度，提高风险管理水平。

7. 培养专业化人才

碳金融属于一种新的金融产品，相比其他金融产品来说更加复杂，专业性也很强，要求从事碳金融业务的人员除了具备扎实的财务和金融知识之外，还要对环境科学有深入的了解。目前来看，我国金融从业人员对于环境科学有深入了解的还为数不多，对碳金融风险的防范能力也有所欠缺，因而有必要培养专业化的人才，为防范碳金融风险打下坚实基础。

在具体的实践当中，我们可以从以下几个方面入手来培养专业化人才：首先，可以尝试与一些高校和科研机构合作，联合建立碳金融人才的培养机制，并鼓励碳金融体系的技术合作，引进高层次的人才，提高从业人员岚险识别能力和对碳金融项目流程的熟悉程度。其次，制定碳金融从业人员的准入制度，使从业标准规范化，从业人员必须熟悉哪几种业务并考试合格者才可能具有从业资格，这样有助于从源头上控制风险的发生。再次，开发碳金融风险的提示功能，这就要求从事碳金融业务的金融机构根据历史数据计算出一个风险临界值，超过这个临界值风险就有发生的可能性，这有助于提高从业人员的风险防范能力。最后，还要有专门的人才来开发与国际碳金融市场相通的信息渠道，以便于及时传递国际碳市场的最新消息，防范由于信息不对称带来的风险。

（二）选择适合商业银行碳金融业务的发展途径

商业银行想要开展碳金融方面的业务，首先需要有一个明确的目标，需要有一个大体的规划，这样才不至于在发展中迷失了方向，才不至于面对相关问题时措手不及。明确发展方向对于商业银行的发展有着极其重大的现实意义，是发展碳金融项目的第一步也是最重要的一步。

1. 清晰战略定位

银行中慢慢地加入了碳金融这一项发展内容，很大一部分原因是形势所迫，银行开展这部分的内容是机遇和挑战并存，就机遇而言不仅可以拓宽其利润来源、提升竞争优势，也有利于协助国家的可持续发展从而树立良好的社会形象。但由于当前我国现阶段的碳交易市场发展仍有欠成熟，大多数银行还不够重视碳金融业务的发展，在的各种宣传活动都很单调，而且没有长远的打算，这就减缓了碳金融业务的发展速度，对市场竞争力也会一点一点缺失，跟不上市场的发展速度。像美国、英国等发展比较早的国家，他们的商行在碳金融方面发展就趋于完善，并且制定了长期的发展目标，面对这些客观压力，我国商业银行要想在全球低碳市场上扩大自身的市场份额，更好地履行社会责任树立良好形象，就应该更加投入人力物力到碳领域的发展当中，制定良好的战略策略，传播我们的低碳思想。此外，还要建设环境友好金融服务的长效机制，推进碳金融业务创新，这样才能有助于我国商业银行未来在国际碳金融领域的竞争中脱颖而出。

2. 加强低碳银行"基础建设"

银行的内部基础建设能够从实际意义上增添银行的实力，同时有效地降低相关风险的产生概率，使银行最大程度上得到保护，也是银行不可或缺的间接辅助因素。对于防范经营风险和操作风险有着重要意义。着重加强人才、机构建设能有效避免因人员操作失误带来的风险，合格的碳金融业务人员要求具有金融、化工、外语、法律等综合的知识储备，特别是在对 CDM 项目提供绿色信贷的产品经营上，具有综合知识水平的人才显得尤其重要，就国内水平来说，银行开展这部分的内容在时间上受到起步较晚限制，所以人才的培养才更加重要，对工作人员进行定期定时的培训能够提升员工的工作水平，银行应当请专业人士进行技术的讲解授课，让银行的内部人才力量得到提升。通过组织化的形式对现有员工进行多样化和专业化的培养，以增强授信审批人员的专业能力。

银行运营最重要的就资金储备水平，只有资本充足才能保证银行能够开展一系列的业务，这是所有工作进行的基础。相对于国外先进银行，我国的商业银行长期以来业务形式单一，缺乏有效的注资渠道，整体的资本充足水平仍相对落后，甚至有些银行还没有达到资本监管最低要求。2008 年金融危机后，各国对银行业的资本监管日益加强，国际银行业的竞争也更加激烈，面对这种形式，我国商业银行需要通过综合改革以提高资本充足率，特别是在介入碳金融业务发展的过程中，更要建立起良性的资本补充机制。这可以通过放开业务准入，增加投资产品以吸引更多境内外投资者投资来解决资本充足率偏低的问题。

3. 加强碳金融服务创新

商业银行拓展碳金融方面的业务内容是银行扩大发展范围迈出的有利的一步，只要做好了这方面的工作就能够为银行带来了更为巨大的利润，能够为银行的发展增添更多的途径，搞好碳金融服务创新对于银行来说有着巨大的现实意义。一方面，商业银行可借助绿色信贷巨大的市场需求，在原有业务基础上着手致力于改善创新信用咨询、项目融资、理财产品等服务。另一方面，商业银行也应加深对碳金融业务的介入程度，开发各种服务于低碳经济的新的金融产品，还要将业务创新与机构创新相结合，为加深挖掘碳金融产业链提供广泛基础。创新工作可以从三个方面入手：一，成立相关的部门对其进行设计评估，使碳金融的发展能够保持前进的状态，并且要不断地进行产品的创新研究，不放松推广宣传工作。二，加强与碳排放交易市场的合作，借助环境能源交易所开展气候衍生产品的交易；也可以探索有保障的"碳信贷"创新产品，在原有的绿色信贷基础上寻找更合理的效能评估和信贷审批体系，以规避各种风险。三，加强与国外先进银行的合作，吸收他们的成熟经验并对其进行转变创新，以进一步完善商业银行作为碳交易中介的组织建设，全方位提升服务品质。

四、政府层面碳金融交易风险防控策略

对于碳金融风险的防范工作，政府的指导和监管具有非常重要的作用，政府可以从宏观层面对碳金融的发展和风险防范进行指导，比如完善碳金融政策体系，设立各种风险防控准则，鼓励金融机构积极参与碳金融活动，培育风险防范的服务机构等，具体来说有以下几个方面：

（一）完善碳金融政策体系，对金融机构进行指导和监管

完善碳金融政策体系可以从以下三个方面入手：首先，完善碳金融交易监管体系，每项金融业务的顺利合规的开展，都离不开相应的监管体系。我们可以参考欧盟市场的监管体系框架。首先，在排放登记方面，只允许永久性居民参与登记，注册登记时要对企业或个人进行严格的资格审查。其次，规定企业按时上报本期的碳排放数据，并对上报的数据采取抽查的形式，来核对其真实性。再次，对于碳交易场所的交易行为进行监管，对于交易主体要核实身份并进行调查评估，防止内幕交易。最后，对于每笔交易都要实时记录，要求交易采取柜面交易的方式，防止交易结束篡改信息的行为发生。除此之外，完善我国碳金融市场的监管体系，还要加强对清洁发展机制项目交付风险的监管以及对跨国界、跨行业碳金融交易风险的监管等。另外，支持金融机构开展碳金融风险的监测、评估和防控等方面的工作，并鼓励金融机构建立应急机制和应急处理预案来应对碳金融的突发风险事件。其次，适时调整碳金融交易规则。碳金融交易的规则不是一成不变的，要根据碳金融市场的发展状况及时调整，政府要督促金融机构建立符合碳金融发展现状的风险预警机制、风险监管体系和风险应急处理机制，从而为碳金融交易创建一个良好的环境。

（二）建立碳金融交易平台，指导交易所设立各种风险防控准则

我国现在已经有七家碳排放权交易所，交易所的建立不仅能够为碳金融的交易提供一个平台，而且有利于对碳金融交易风险进行监管。政府在建立碳金融交易平台时，要从以下几个方面着手：首先，要设立交易所的进入门槛，即不管是金融机构还是个人或企业，都必须达到政府规定的进入标准才可以在交易所内进行碳金融交易活动，这样有助于从源头上减少碳金融风险的发生。其次，对于碳金融交易要仿照一般的期货交易所，设立保证金制度，有助于防范碳金融信用风险。政府可以通过专家研讨来确定碳金融交易的保证金比例，碳金融交易者必须要有充足的保证金才可以在交易所进行交易。再次，规定碳排放交易所必须成立风险管理部门，风险管理部门不仅要及时公布交易信息，还要对碳金融交易的风险信息及时过滤，并制定对应的风险防范预案，控制风险的发生。

（三）鼓励金融机构积极参与碳金融业务，完善中介市场

我国现在参与碳金融业务的金融机构大部分是商业银行，以及近两年刚成立的碳排放交易所，可是证券公司、保险公司以及基金公司等在参与碳金融方面还不够积极，这就导致碳金融市场上产品单一。我国可以效仿欧盟国家，鼓励各金融机构以各种方式参与碳金融，这样在活跃碳金融市场的同时，各金融机构碳金融风险的防范措施也有利于完善我国碳金融市场风险防范的体系。

目前还有很多证券公司没有涉足碳金融领域，我国政府可以鼓励证券公司在碳金融交易中充当做市商，发行碳债券，为节能减排项目筹集资金，为低碳企业 IPO 或在二级市场上投资低碳经济板块的上市公司等。这些业务都会拓宽证券公司的投资渠道，增加业务收入。保险公司在参与碳金融方面，可以开发与碳排放相关的保险产品，保险公司参与碳金融，势必会强化被保险单位的风险管理制度，这样对降低碳金融风险有很大帮助。碳基金在我国目前只有一些公益性质的基金在运作，一般这些基金不以营利为目的，比如为发展 CDM 设立的专项基金等。然而这类基金不能算是真正意义上的基金，我国可以成立专门的碳基金，为 CDM 提供资金支持，待该项目产生核证减排量时，买入减排量再转卖给欧洲等有强制减排任务的国家，从中赚取差价。

政府鼓励金融机构积极参与碳金融业务，不仅对于活跃我国碳金融市场有非常重要的作用，而且证券公司、保险公司和基金公司等参与碳金融时，不仅会加强自身的风险管理，也会督促被投资或被保险对象完善风险管理措施，这在一方面降低了风险。另一方面，参与机构的增多，使风险更加分散，不容易发生集中性的一旦发生就会影响整个碳金融市场存在的风险。

（四）培育各种碳金融交易服务机构，提供风险防控指导

发达国家的碳金融交易服务机构主要有审计机构、法律服务机构、碳金融咨询机构和国际评级机构等，我国在建设碳金融服务机构时可以借鉴发达国家的经验。第一，开发碳金融中间业务，主要包括碳金融业务的咨询、财务顾问和担保等。我国商业银行由于自身优势对于各种风险信息掌握得都比较准确及时，因此政府可以鼓励银行开发中间业务，为低碳项目提供咨询、财务顾问和担保服务等，并对各种碳金融交易风险的防控提供指导建议。第二，建立专业的评估机构、技术研发机构和法律咨询机构等中介机构。因为碳金融具有很强的专业性，一般的参与者很可能对其中的风险因素和各种操作流程了解不够，政府可以鼓励各种各样关于低碳项目的评估和咨询公司，为参与碳金融交易的人给予指导，提高参与者的专业素质，从而有助于降低风险。

五、国家战略层面碳金融交易风险防控策略

（一）把碳金融纳入可持续发展的战略规划

中国的经济发展在近几年中有了突飞猛进的进步，但是这样的经济发展形势却带动起碳金融领域的发展，究其根本原因是因为低碳理念还未深入人心，许能企业的发展计划并没有考虑到这方面的内容，对一些低碳政策的执行力度也不大、不够重视。重视程度的缺乏可以从很多地方反映出来：企业 CDM 项目从开始准备到最终获得 CERS，经历的审批时间最少在一年以上，而一个能效贷款的周期更是长达 5 年；中国水电、风电项目、余热和煤矿瓦斯利用的 CDM 项目均有被拒绝的案例，尤其以中国风电和水电为主，由于电价问题等原因，导致至今已经有几十个风电和水电项目注册被拒绝。综上，要想真正地实现低碳发展还需要国家政府的干预，要把碳金融全面地引入到国家战略层面，需要财政部、发改委和银监会等相关部门给予支持，为碳金融发展提供税收优惠、财政支持和缩短审批时间等便利。同时要建立健全碳金融交易法律框架，完善碳金融风险的评价标准，为碳金融发展营造良好的外部环境。只有把碳金融纳入国家发展战略中，重视碳金融业务的发展，并制定相关的保护政策和支持措施，才能提升碳金融交易主体的积极性，促进我国碳金融的发展。

（二）推进人民币国际化进程

自从金融危机后，各个国家的经济都受到重创，包括欧债危机之后对欧元区国家也造成了重大的冲击。每个国家都希望本国的货币能够充当碳交易的主导货币，从而提升本国的实力。我国要推进人民币的国际化进程也要抓住这个

机遇，争取让人民币成为国际碳市场交易的主要结算货币，提升我国在国际碳市场的地位。根据历史经验，一国的货币要想成为世界货币一般的演变历程都是三个阶段：计价货币、储备货币和锚货币，一般在国际上具有主导权的货币都充当过能源计价货币，比如 19 世纪时煤炭价格与英镑挂钩，20 世纪的时候石油价格和美元挂钩，现如今碳交易价格还没有固定的货币与其挂钩。这就显示出一个国家的货币可以借能源贸易而演变成世界货币。我国在碳市场发展方面具有很大的潜力，而且我国的经济实力也在迅速提升，因此在国际碳市场上的影响力也越来越大。我国应该采取各种措施让人民币成为碳交易的结算货币，加快推进人民币的国际化进程，这样有助于我国从整体上把控风险，改变我国在国际碳市场中的不利地位。

（三）采取碳税与排放权交易相结合的经济激励机制

碳税是指针对碳排放所征收的税，在实际操作中可以通过对燃煤、汽油、航空燃料、天然气等化石燃料产品的生产和消费过程，按照其含碳量的多少进行征税，从而实现对化石燃料需求的减少来减少碳排放。碳税和碳排放权交易手段都是通过给 CO_2 和其他温室气体赋予价格，从而为整个经济系统向高能效和低能耗转型提供一个信号。单纯从理论上来讲，两种手段都是具有市场效率的经济激励措施。它们的主要区别在于，税收手段的碳价格（即税率）是由政府制定的，也被称为"基于价格"的经济手段；减排交易的碳价格则由市场供求决定，也被称为"基于数量"的经济手段。要想建立低碳经济，通过政府税收政策进行的引导工作必不可少。欧洲的许多国家都开征了各种各样的碳税或能源税，美国也在消耗一良氧层物质（ODS），使用过 ODS 环境税，韩国、南非、印度等一些发展中国家都已明确地提出了本国的碳税征收方案。由于我国的市场机制尚不健全，建立一个有效的碳排放交易市场需要很长时间地学习和摸索，而面临紧迫的气候危机，碳税的制定与实施可操作性更强一些。碳税一般由政府制定，税率比较稳定，还可以获得某些环境税带来的"双重红利"，因此，在现阶段我国碳金融市场发展初期，可以采取碳税与双轨制（CDM 机制与自愿减排机制）相结合的经济激励手段。目前，我国已经实施了燃油税，价格改革步伐有所加快，同时，我国也计划开征独立的环境税来防止环境污染和破坏。

（四）完善碳金融交易法律制度建设

每个金融项目的开展都离不开相应的法律法规和政策制度给予支持，碳金融更是如此。尤其针对我国碳金融市场刚起步这一现状，很多地方都需要相应的法律法规来进行规范。只有健全合规的制度，才能有效防范碳金融风险的发生。这就要求我国在制定环境保护的法律法规等方面的因素时要考虑到金融方面的因素，制定专门针对碳金融的法规制度。

建立碳排放交易的法律制度需要从三个方面来入手：首先，规定碳排放的测量标准。欧盟国家的碳排放测量标准有两个，一是基于计算的方法，即根据经验或者实验总结一个计算模型，比如"燃料——二氧化碳排放量，产量——二氧化碳排放量"等，可以根据燃料消耗或者产量来计算二氧化碳排放量。二是基于测量的方法，即根据某个时间段内的二氧化碳浓度来推算全年的二氧化碳排放量。我国可以借鉴这些方法，制定一个测量标准，有助于规范碳金融市场。其次，制定不同行业的碳排放配额和交易规则。在分配配额前，首先应对碳排放总量进行合理设置。如果设得过于宽松，企业都很容易实现，那么设置的目标就没有意义，但如果设得太紧，企业完成成本太高，负担过重，也会影响企业的积极性。根据企业性质和配额总量设置合理的碳排放配额。至于交易规则，现在深圳、北京、上海、广州等交易试点已经制定了相关的交易规则，由于是试点阶段，因此，应在不断地交易过程中发掘规则的不足之处，及时改进。最后，要设立惩罚制度。即如果企业没有达到当年的减排要求，或者在碳交易时有违规操作可能带来碳交易风险等行为，根据情节轻重制定相应的惩罚制度。碳金融法律法规制度的完善是碳金融市场繁荣有序发展的必要条件，有利于规范市场交易行为，防范市场风险和操作风险等。

另外，在制定相关的法律法规时要注重与国际制度接轨，因为每个国家的法律制度都不同，而碳金融交易很多时候都涉及到国际之间的交易，法律的不同很可能会引起一系列不可预知的损失。因此在制定法律法规时一定要注意与国际法律制度接轨，只有这样才能更有效的防范法律和政策风险等。五加强国际之间的交流，防范政策风险和政治风险

碳金融交易很多都涉及到跨国交易，我国开展碳金融业务都在一定程度上依赖于国际市场，国际碳金融市场的波动一般都会导致我国碳市场一定幅度的变动。因此，开展碳金融业务一定要加强国际之间的交流与合作，这样才能有效防范政策风险和政治风险。

加强国际交流，首先就是借鉴国外碳金融市场较为成熟国家的发展经验，欧盟、美国、日本等发达国家在发展碳金融方面都有一套完整成熟的系统，因而我国可以借鉴这些国家的发展经验，促进我国碳金融市场的发展。其次，加强国际交流，有助于及时了解主要参与碳减排国家以及参与气候谈判相关利益者的政策动向，根据这些国家的政策变动及时做出应对措施，以防政策风险的发生。最后，由于我国目前参与 CDM 项目，要了解在我国投资该项目的国家政策方针，与对方国家签订合同条款，要求该国履行合同条款或为该合同提供

担保，时刻关注对方国家的政策变动并做好应急准备。总之，加强国际交流，及时了解国际碳市场行情和相关国家的政策动向，有助于防范我国碳金融市场的政策风险和政治风险，也有利于我国争取在国际碳市场上的利益。

六、循序渐进地构建中国统一的碳金融交易市场

从世界范围来看，碳金融市场的容量、碳排放权交易的规模是非常巨大的，而到目前为止，全球性的、具有一定规模的碳金融市场屈指可数，而且大都集中在发达国家。因此，我国要尽快建立和健全碳金融市场节能减排交易机制，大力引进国外先进的排放权交易技术，培育多层次、全方位、高品质的碳金融市场体系。据统计，目前全国各地的环境交易所多达一百多家，但是这些交易所大都没有实质性的交易，只是在进行一些技术项目和节能项目的交易，相比较欧盟和芝加哥的气候交易所还有很大差距。而且相互割据的交易所也不利于我国碳金融市场的发展。因此，我国要致力于建立本土统一的、可以跨市场交易的、标准化的碳排放权交易中心。

（一）提高政策科学性，逐步整合炭市场

1. 成熟控排企业先行整合

建立我国区域碳金融交易试点是为建立全国统一碳金融交易市场做准备，在我国碳配额分配过程中，不同试点结合当地的经济发展水平、产业结构、能源状况、减排技术进行了碳金融市场的初步探索，在具体的制度设计与交易机制设计上各有特色。但是，同时我们也要正视我国区域碳金融交易市场上存在的流动性不足的问题。由于目前我国只有北京、天津、上海、深圳、广东省、湖北省、重庆市作为碳交易的试点，覆盖区域小，导致参与者不足，影响市场的流动性。各个市场的产品又很单一，目前只有碳配额现货与核证自愿减排量现货。市场参与者没有更多的选择进行投资组合，很大程度上也影响了投资者的积极性。虽然我国的碳交易试点已经初步具有价格发现的作用，但是市场交易不活跃、流动性差不利于形成具有市场指导性的价格。另外，我国碳交易市场的高度分割，各个交易所为了自己的利益难以自发进行合作形成统一的碳市，而往往在实际中更多表现为各自为战、恶性竞争，这不利于资源的有效利用。

因此，在建立全国统一碳金融交易市场的过程中可对成熟控排行业先行整合。虽然各个试点覆盖的行业不尽相同，但是主要的控排行业都包括了电力、水泥、石化等行业。先行整合这些成熟的控排企业，一方面由于各个试点都积累了相应的经验有利于保证政策的平稳性，另一方面处于相同行业的企业之间可以形成较为统一的减排标准，有利于减小整合过程中的阻力并在全国范围内

推广。在欧洲碳市场中，为了防止由分配不均、分配过剩等可能引起的风险各国的配额计划必须提交欧盟并且由专家进行审查。我国同样应该严格审查碳配额分配指标做到在配额的初次分配上的公平与科学，从而从减小配额分配风险。

2. 充分考虑各个试点的有效链接

配额分配机制设计是碳市运行的核心，如何解决已有试点的配额分配制度与全国配额分配制度的链接问题自然也是过渡阶段的核心问题。以欧盟为例，为了规避碳金融交易过程中的风险欧盟实行的"国家配额计划"。欧盟将整体减排目标按照各国的经济水平与排放量情况"共同但有区别"地分配给成员国，各成员国再将指标下分给企业。在我国建立全国统一碳金融交易市场的过程中，必须制定全国统一的标准，否则构建统一碳金融交易市场就失去了意义。可以采用自上而下的方式，由国家制定配额分配总量、配额分配方法，发放国家排放配额。同时，为了避免打击各个试点控排企业的积极性，可尝试按照合理比例向全国配额进行兑换，从而解决目前已有试点配额与全国配额的矛盾。除此之外，还要关注配额的公平合理。须要科学设计配额分配方法，充分重视部分经济落后地区减排成本与经济发展的矛盾，可通过一定的政策措施实现二者之间的平衡。充分利用各试点在碳市场上积累的宝贵经验，以点带面带动试点外具备条件的区域形成碳市场，最终形成多层次的综合性全国统一碳金融交易市场。我国目前已经建立多家环境排放权交易所，为建立全国市场打下了基础。已有的交易试点可以尝试与其他交易所进行跨区域平台合作，甚至进行资产重组，有效整合利用既有资源，形成交易所层面的统一。同时，可以借鉴欧盟提交国家配额计划时向全社会公开这一手段，公开我国各区域碳配额计划以促进碳市场的公开与公平。

3. 明确政府与市场边界

碳金融是政治与政策的产物，只有当政府与市场边界清晰才能真正发挥市场机制的作用。政府的职责在于制定公开透明的政策与规则，保证政策的平稳性以避免政策风险同时做好市场风险监控让市场可持续发展。政府的过度干预或不当干预会扰乱市场规律。风险本身并不可怕，但只有更加有效的市场才能让市场参与者更有信心，使整个市场更加有序。让市场发挥决定性作用，从而促进全社会参与到积极节能减排的行动中来又同时促进了制度创新、技术创新，并通过市场机制这只"看不见的手"发现价格。积极建设全国统一碳市很大程度上有利于进一步通过市场机制来制定碳价。政府可以提高节能减排的宣传力度，让市场对碳市场更加了解，也更加有信心，从而提高市场的积极性。

（二）构建全国统一的碳交易平台

　　我国 7 个独立的碳金融试点交易市场，经过近年的运行，碳交易市场已初具规模，市场整体价格趋于稳定，价格在 20 元/吨到 90 元/吨之间波动，价格波动区间的稳定对未来全国碳市场的建立及其价格形成与波动有很强的示范作用。但值得注意的是，自碳交易市场启动到 2014 年 8 月 22 日，7 个碳市场的交易总量不足 1300 万吨，碳交易总额不足 5 亿元，表现为流动性不足的特征。各地区配额总量大小与配额宽松程度，以及交易品种的单一化决定了碳交易市场的活跃度远远不及欧洲市场。另外，我国碳排放权市场虽然有 7 个试点，但涵盖区域范围明显太小，区域范围的小直接决定了买卖双方的参与者的数量少，这使得市场的流动性也小，这种流动性不足直接影响到碳交易市场的有效性与市场定价的权威性。但流动性严重不足，同样会影响到碳价的准确性。不过经过几年的交易，我国碳交易市场的碳价信号已经初步形成。由于碳交易市场的重要功能是价格发现，释放碳价格信号，碳价格信号可以反映碳减排成本，减排成本的大小直接决定企业减排的动力大小。

　　从实际情况看，我国各试点地区碳交易价格相差比较大，截至 2014 年 8 月 22 日，深圳市场最活跃，价格最高达到 130.9 元/吨，成交均价也是最高的，为 70.2 元/吨，波动幅度最大，达到 80%–62%；成交最不活跃的是天津，最低价也出现在天津，为 20.74 元/吨，最低均价也在天津，为 29.6 元/吨（天津）。上海和北京市场价格波动幅度相对较小。7 个交易市场的履约期都设定在每年 6 或 7 月份，可以观察到，除天津之外，2014 年履约前最后一个月各个市场的成交量占总成交量的比重，均超过了 65% 这说明这些交易以履约为主要目的，这种交易市场集中度过高，从而使市场有效性不足，这种市场难以形成公允的价格。

　　值得注意的是，在各区域碳金融交易所迅速发展的同时，交易市场的价格风险也难以避免。以欧盟排放交易体系为例，2007 年末第一阶段将结束之时，碳排放的价格接近于零，给碳排放的多头方带来了巨大的损失。碳金融交易中由于标物的复杂性、时间的跨期性及结果的不确定性，存在更多的未知风险。笔者注意到，在碳金融交易市场的各类风险中，市场风险是最突出的交易风险。基于此，建议我国碳金融交易的市场风险应利用 VaR 方法展开研究，以便为监管当局及交易主体的风险控制、区域碳金融的稳定发展提供有益参考。

　　然而，从发展态势来看，各个市场间存在一定的竞争，在这种情况下，各个交易市场很难自发性地形成一个大市场，不仅市场间存在重复建设与恶性竞争的可能，而且还可能导致较大的资源浪费并产生历史遗留问题。此外，由于金融市场间风险的传导性，分区域的碳交易市场会增大风险发生的概率和维度。因此，需要构建全国统一的碳金交易市场，通过统一监管、统一定价、统一配额等对各区域碳交易所进行统一管理。从而保证国内碳交易价格的有序波动，保证碳金融市场风险的有效监测和防范，并促进碳金融市场的稳定发展。因此建议尽快建立全国统一的碳交易市场。

在交易平台与交易机制的建立方面，建议中国碳交易市场借鉴欧盟的 ETS 制度，逐步整合这 7 家碳金融市场。如将北京、上海、深圳的碳金融市场为区域性碳金融中心试点，以其他具备条件的城市作为面，构建多层次的碳交易市场体系和多元化的碳金融服务体系，从而实现我国产业结构的低碳化发展与升级、各项资源的整合和可持续发展，达到共赢的局面。在统一市场的进程上，可充分考虑股权置换、并购重组等方式，先进行资本统一，然统一交易平台，最后实现交易市场的完全统一。

在具体构建方式上，可以采取政策引导、自上而下的方式，通过中央政府建立一个更有效的价格发现机制，替代 7 个试点。在难以快速建立二级市场的情况下，中央政府可以通过高频次、周期性拍卖的方式对未来年度的全国配额进行提前发放，逐步建立一个有效的一级市场竞价机制不用太高建立起来但是其数量和影响力会远远超过试点市场。拍卖的配额数量比例一旦这一价格发现机制试点市场的价格或者会逐渐趋同或者会跌至零，迫使其主动衔接。

打造统一的碳交易市场，主要是推动我国市场主体参与碳金融的积极性。首先需要国家政策上的支持，即下发一些相关的政策性文件，对于积极参与碳金融活动的机构给予一定的政策优惠，比如低碳项目的税收减免优惠、低碳项目的投资优惠不。碳信贷的担保等。其次需要国家在资金上的支持，因为很多机构参与碳金融都面临着各种风险，企业因为减排需要耗费一定的成本，如果得不到一定的资金支持，可能会失去继续减排的积极性。反而，如果国家能够给予一定的资金支持，鼓励企业积极参与节能减排活动，则会在一定程度上活跃我国碳金融市场。最后，要推动相应的碳排放交易所的成立，只有有了相应的碳排放权的交易场所，才算建立真正意义上的碳金融市场。现如今已经有深圳、北京、上海和广州等碳排放交易试点成立，另外很多商业银行已经开始践行碳金融活动，比如给低碳企业进行绿色信贷等，其他金融机构也开始陆续尝试参与碳金融，开展相关业务活动。因此，要建立相关的碳交易场所，推动相关企业和金融机构积极参与碳金融，才能从根本上推动碳金融市场的构建。

构建统一的碳交易市场后，我国可以借鉴国外成熟经验设计出环境保护相关的交易品种，包括碳、氮化物、二氧化硫等在内的具有"可操作性"的减排品种。具体操作时可采取分步骤分阶段方式。准备阶段必须要有深入地宣传，并细致地研究和制定交易规则，培训和组建团队，初试运行阶段要挑选合适的企业进行试点，这些企业可以是条件成熟的行业和大型企业；扩大运行阶段要建立在完善交易规则的基础上，并制定《碳减排交易法》，立法是保证碳交易市场正常运行的基础，在法治条件下全面实现我国政府经济转型减碳发展的根本保证，也是实现承诺的降低单位国内生产总值碳强度目标的根本保证。

最终，构建具有中国特色的统一风险可控的碳排放权交易体系，与欧盟碳排放权交易体系（EU ETS）和美国芝加哥气候交易所（CCX）体系形成三个市场的"三足鼎立"，共同促进全球经济的绿色发展和可持续发展。

（三）提高我国在国际碳金融市场上的议价定价能力

国际碳交易价格由于受到经济因素、政策因素、能源因素、技术创新、气候变化等诸多因素的影响而可能出现剧烈波动，交易风险较大，而且中国处于碳交易链的最低端，这对我国抢占碳金融市场土的主导权和话语权极其不利。纵观货币体系的发展，我们不难发现，一种货币要成为世界货币，都是沿着计价结算货币——储备货币——锚货币这样一条路径发展的，在成为世界货币的过程中，往往和国际大宗商品，主要是煤炭、石油等能源商品联系在一起，如19世纪的"煤炭—英镑"、20世纪的"石油—美元"。因此，我国应积极推进人民币国际化的进程，将人民币与碳排放权挂钩，把人民币作为计价结算货币。从目前全球碳交易市场发展情况来看，欧元已成为碳金融领域现货和金融衍生品的主要计价结算货币，日本、澳大利亚、加拿大等国在全球低碳经济发展中，也都希望本国货币能成为碳交易市场的主要货币品种，以便在低碳经济和碳金融领域获取丰厚的利润。伴随着各国政府对碳金融市场的重视，以及参与热情的逐步提高，在未来较长时间内，将会有越来越多的国家抓住碳市场这一新兴市场的发展机遇，提升本国货币在国际货币体系中的地位。我国应系统研究和制定适应低碳经济发展的金融政策，尽快开放资本账户，加快人民币国际化进程，争取在低碳经济的发展中，有更多的发言权，建立健全人民币在世界碳交易中的计价结算交易机制。

第七章　结束语

为了研究如何防范我国的碳金融风险，文章在中国碳排放交易网、深圳碳排放交易所、中国清洁发展机制网等各个大量有关碳交易的网站搜集资料和数据，并根据我国碳金融市场处于初级阶段的现状，文章做了前瞻性的研究。文章研究的结论主要有：

首先，对我国碳金融市场面临的几种比较典型的风险进行了分析，根据前面文章的分析，我们知道我国碳金融市场的风险主要有项目风险、政策风险、经济风险、市场风险、信用风险和操作风险几大类，这些风险类型基本包含了我国碳金融市场的所有风险。文章不仅详细探讨了这些风险的特征，而且还总结出了风险的度量方法，从量上为碳金融风险的防范提供了参考。其次，考察了碳金融体系相对比较成熟的欧盟国家的碳金融风险防范情况，并详细分析了欧盟国家面临的风险类型和具体的风险防范措施，这些实践措施和经验对于我国进行碳金融风险防范具有重要的借鉴意义。再次，重点分析我国碳金融风险的防范措施，主要是在前文对风险的分析和欧盟风险防范经验的基础上，从金融机构、政府和战略层面逐步展开，给出了我国进行碳金融风险防范的建议。

文章的研究还存在着许多不足之处，以后可以在下面几个方面深入研究：首先，由于国内数据的缺乏、笔者自身水平有限以及篇幅限制等原因，文章的实证研究还不充足，没有做到对每个风险进行实证分析。在我国碳金融市场发展成熟，数据资源丰富时，可以把对每个风险进行实证分析作为一个研究的方向。其次，文章在借鉴国外碳金融风险防范经验时，只是重点介绍了欧盟国家的风险防范措施，还有很多国家也具有比较先进成熟的风险经验值得学习，但是由于篇幅的限制没有在文中过多涉及，这也是文章的一个不足之处。再次，对于针对我国碳金融风险防范的对策建议没有做明确的时间安排，每个国家的发展情况不同，碳金融开展的步伐也不同，不能完全照搬欧盟国家的碳金融风险防范经验，要在借鉴国外风险防范经验的基础上，寻求适合我国实际情况的碳金融风险防范的模式。

参考文献

［1］李敏.气候变化对山西省金融业发展的影响研究［D］.山西财经大学，2019.

［2］布拉格.内蒙古实现节能降耗目标的金融支持体系研究［D］.内蒙古大学，2014.

［3］荆克迪.中国碳交易市场的机制设计与国际比较研究［D］.南开大学，2014.

［4］李杰善.金融方式与五位一体生产方式的关系研究［D］.中国石油大学（华东），2013.

［5］李小鹏.低碳经济下中国石化行业节能减排的实证研究［D］.华东理工大学，2012.

［6］曹先磊.碳交易视角下人工造林固碳效应价值评价研究［D］.北京林业大学，2018.

［7］王影，张远晴，董锋.中国碳市场风险测度［J］.环境经济研究，2020，504:30-53.

［8］程炜博.碳金融市场参与主体和交易客体及其影响因素分析［D］.吉林大学，2015.

［9］孙兆东.中国碳金融交易市场的风险及防控［D］.吉林大学，2015.

［10］李祥飞.基于政策干预和误差校正的非线性经济时间序列预测研究［D］.天津大学，2014.

［11］马边防.黑龙江省现代化大农业低碳化发展研究［D］.东北农业大学，2015.

［12］宋楠.碳排放权配额市场内外的信息传导联动研究［D］.哈尔滨理工大学，2015.

［13］于学鹏.兴业银行票据业务集中差异化竞争战略研究［D］.复旦大学，2009.

［14］常筱瑶.陕西烟农借贷行为对低碳生产效应的影响研究［D］.西北农林科技大学，2019.

［15］张晓燕.中国系统重要性银行负外部性监管研究［D］.山西财经大学，2016.

［16］刘平阔.煤电能源供应链交易稳定匹配及风险管理研究［D］.华北电力大学（北京），2016.

［17］边慧.基于环境金融发展视角对颗粒物控制交易平台的研究［D］.浙江大学，2014.

［18］王志国.吉林省农村金融服务创新发展研究［D］.吉林大学，2014.

［19］黄雪菲.我国商业银行绿色金融发展模式选择研究［D］.首都经济贸易大学，2018.

［20］于静霞.新能源企业融资的财务风险控制研究［D］.财政部财政科学研究所，2012.

［21］路明慧.基于网络文本挖掘的投资者情绪对股票市场风险的预警研究［D］.江苏大学，2019.

［22］张栋，张怡，梁艳.绿色金融改革的实践研究——以新疆为例［J］.金融发展评论，2019，06:53-75.

［23］宋敏，辛强，贺易楠.碳金融交易市场风险的 VaR 度量与防控——基于中国五所碳排放权交易所的分析［J］.西安财经大学学报，2020，3303:120-128.

［24］张美涛.中国"绿色技术银行"发展及国际经验借鉴［J］.发展研究，2020，05:74-83.

［25］曹雪莲.广东省绿色金融发展研究［J］.现代商贸工业，2020，4121:12-14.

［26］王语然，校磊.我国绿色金融产品创新探究［J］.市场周刊，2020，3309:143-144.

［27］方游.欧盟碳金融风险防控机制分析［D］.吉林大学，2013.

［28］张烨.商业银行发展绿色信贷业务的对策研究［D］.吉林大学，2013.

［29］刘铠诚，何桂雄，郭炳庆，唐艳梅.基于模糊综合评价的电网公司碳减排风险评估［A］.中国电力科学研究院.2018智能电网新技术发展与应用研讨会论文集［C］.中国电力科学研究院:，2018:5.

［30］邱谦.中国区域碳金融交易市场的风险研究［D］.华南理工大学，2017.

［31］苏蕾，曹玉昆，陈锐.低碳经济背景下构建我国碳金融体系的问题探析［J］.武汉金融，2012，03:18-20.

［32］唐瑞红.基于线上供应链金融创新模式的信用与市场风险研究［D］.华南理工大学，2017.

［33］崔焕影.碳排放权配额分配与交易定价研究［D］.西南交通大学，2018.

［34］徐赫阳.国际碳排放权交易法律问题研究［D］.沈阳师范大学，2018.

［35］宗炫宏.我国绿色金融支持 PPP 项目融资的问题与对策［D］.云南财经大学，2018.

［36］申艳云.我国试点地区碳交易市场风险分析［D］.华侨大学，2018.

［37］王玉.《中国农业银行 2017 年半年度报告》汉英翻译实践报告［D］.西安外国语大学，2018.

［38］聂晓宁.商业银行经营风险管理研究［D］.首都经济贸易大学，2011.

［39］马维娜.山西省科技金融发展特点及问题解决思路［D］.山西大学，2011.

［40］李京.我国发展碳金融的法律障碍及对策［D］.天津大学，2011.

［41］王理远."后危机"时代中国商业银行经营方式转型的研究［D］.东北财经大学，2011.

［42］俞湘喆.商业银行在中小企业授信业务中的风险管理问题研究［D］.浙江大学，2012.

［43］刘凯旋.我国森林碳汇市场的构建与定价研究［D］.北京林业大学，2012.

［44］李小庆，杜彦坤.面向低碳金融的政策性金融发展策略研究——基于农业发展银行视角［J］.金融与经济，2011，01:13–15+78.

［45］刘晖.CARE 模型对中国碳交易市场风险度量的适应性研究［J］.金融发展评论，2020，09:42–53.

［46］郑东伯.低碳经济框架下碳金融体系运行的机制设计与制度安排［J］.现代经济信息，2014，22:358–359.

［47］杜莉，孙兆东，汪蓉.中国区域碳金融交易价格及市场风险分析［J］.武汉大学学报（哲学社会科学版），2015，6802:86–93.

［48］蒋南平，田媛.当前深化改革的若干理论与实践问题［J］.当代经济研究，2015，05:41–48.

［49］樊威.国际视野下的碳金融犯罪法律问题研究［J］.福建论坛（人文社会科学版），2015，06:78–84.

［50］方桂荣．信息偏在条件下环境金融的法律激励机制构建［J］．法商研究，2015，3204:63-72．

［51］吕林根．金融企业低碳金融风险防范研究［J］．中国集体经济，2015，30:103-104．

［52］孙筱馨，李燕，孙燕．基于模糊综合评价的贵重金属交易风险评估［J］．中国商论，2015，19:146-149．

［53］高山．我国试点省市碳交易面临的问题与对策［J］．科学发展，2015，11:73-77．

［54］刘璐娜．我国碳交易市场溢出效应研究［D］．山西财经大学，2018．

［55］胡垚．基于影子价格模型的我国碳排放权交易市场价格研究［D］．哈尔滨理工大学，2018．

［56］王旭阳．中国碳金融市场有效性评价研究［D］．华北电力大学，2018．

［57］黎堃宇．基于多元协作的大气雾霾问题与对策研究［D］.南京理工大学，2018．

［58］柴晓雨．中国工商银行陕西省分行营业部公司业务营销策略优化研究［D］．西北大学，2018．

［59］马思达．"赤道银行"绿色信贷的国外经验与国内实践［D］．河北大学，2018．

［60］韦景梅．中国碳金融交易市场风险研究［D］．河北工业大学，2016．

［61］马祥云．商业银行财富管理业务风险管理研究［D］．吉林财经大学，2018．

［62］王岩．商业银行绿色信贷策略优化研究［D］．河北工程大学，2018．

［63］孟琛．低碳经济背景下我国碳金融市场定价机制研究［D］．天津科技大学，2017．

［64］舒超．我国商业银行投贷联动业务的法律风险及其规制［D］．华中科技大学，2017．

［65］陶文娟．我国林业碳汇交易市场法律规制研究［D］．贵州大学，2018．

［66］王伟军．我国商业银行碳金融业务风险评价研究［D］．燕山大学，2018．

［67］周亮，吴艳媚．我国绿色金融发展的现状与建议［J］．天津商业大学学报，2021，4101:39-46．

［68］丁文杰．投贷保联动模式助力绿色金融发展［D］．对外经济贸易大学，

2018.

[69] 陈文睿 . 中国工商银行绿色金融业务发展研究 [D] . 广东财经大学，2017.

[70] 易金平，江春，彭祎 . 绿色金融发展现状与优化路径——以湖北省为例 [J] . 华中农业大学学报（社会科学版），2014，04:112-118.

[71]王晓玲，董绍增 . 我国商业银行开展碳金融业务的现状及措施建议[J]. 对外经贸，2014，08:86-87+140.

[72]张树安，韩丽娜 . 低碳经济视角下中国碳交易市场的运行机制分析[J]. 大连民族学院学报，2014，1604:393-396.

[73] 杜莉，王利，张云 . 碳金融交易风险：度量与防控 [J] . 经济管理，2014，3604:106-116.

[74] 易兰，鲁瑶，李朝鹏 . 中国试点碳市场监管机制研究与国际经验借鉴 [J] . 中国人口 · 资源与环境，2016，2612:77-86.

[75] 邱谦，郭守前 . 我国区域碳金融交易市场的风险研究 [J] . 资源开发与市场，2017，3302:188-193.

[76] 许传华，叶翠红，罗鹏，叶楠 . 湖北建成全国碳金融中心的宏观思考 [J] . 湖北经济学院学报，2017，1501:19-31.

[77] 吴淑艺，赖芨宇，郑艳丹，孙晓丹 . 建筑业碳排放权交易的 SWOT 分析及实施对策 [J] . 建筑经济，2017，3801:22-25.

[78] 西南财经大学经济数学学院林业碳金融课题组，向开理 .CCER 框架下林业碳金融发展模式研究 [J] . 发展研究，2017，01:73-79.

[79] 李美洲，胥爱欢，邓伟平 . 美国州政府支持绿色金融发展的主要做法及对我国的启示 [J] . 西南金融，2017，03:10-13.

[80] 梁海霞 . 外汇管理视角下碳交易发展现状研究 [J] . 河北金融，2017，02:62-63+68.

[81] 王陟昀，钟雄 . 碳金融交易风险：度量与防控 [J] . 中国外资，2017，07:58-59.

[82] 苏亮瑜，谢晓闻 . 全球碳排放权市场的风险防控及对我国的启示 [J] . 南方金融，2017，04:66-73.

[83] 杨阳，王国松 . 绿色金融发展水平测度——以上海为例 [J] . 海南金融，2017，04:20-26.

[84] 本刊记者 . 聚焦改革发展关注民生热点——省政协十一届五次会议大会发言摘登 [J] . 世纪行，2017，01:23-41.

[85]孟庆军，张无忌，唐勇军 . 全国性碳交易市场建设风险与对策研究[J].

河南科学，2017，3507:1153-1159.

［86］高磊，许争，曾昭旭.我国碳金融市场体系的构建与风险防控［J］.甘肃金融，2017，06:63-65.

［87］张攀红，许传华，胡悦，王欣芳.碳金融市场发展的国外实践及启示［J］.湖北经济学院学报，2017，1503:45-51.

［88］连育青.供给侧改革背景下商业银行发展绿色信贷的探析［J］.财务与金融，2017，04:5-8+29.

［89］张先忧，王崧青，潘志昂，樊婷.碳金融市场发展的国际经验及启示［J］.金融纵横，2017，08:55-61.

［90］寻心乐.我国碳金融市场风险测量与防范［J］.黑龙江金融，2017，08:12-15.

［91］潘为红，董娴，李佳.绿色金融：理论与实践［J］.金融发展评论，2017，04:110-121.

［92］张坤,欧明刚.2017年城商行竞争力评价报告摘要（下）［J］.银行家，2017，10:33-42.

［93］钱仁汉，王崧青，潘志昂，樊婷.碳金融市场发展的国内外经验及启示［J］.西部金融，2017，09:45-50.

［94］杨博文.绿色金融体系下碳资产质押融资监管的法律进路［J］.证券市场导报，2017，11:69-78.

［95］睢立军.我国金融机构社会责任问题研究［D］.吉林大学，2017.

［96］王金月.企业碳信息披露：影响因素与价值效应研究［D］.天津财经大学，2017.

［97］蒋雨亭.我国商业银行的金融创新、绩效增长与金融监管［D］.东北财经大学，2017.

［98］孙悦.欧盟碳排放权交易体系及其价格机制研究［D］.吉林大学，2018.

［99］高翠云.减排和经济结构调整条件下的中国碳定价问题研究［D］.吉林大学，2018.

［100］郑宇花.碳金融市场的定价与价格运行机制研究［D］.中国矿业大学（北京），2016.

［101］何少琛.欧盟碳排放交易体系发展现状、改革方法及前景［D］.吉林大学，2016.

［102］李虹.基于碳信贷的科技型中小企业融资机制与对策研究［D］.天津大学，2016.

［103］刘晖.中国碳金融交易市场价格波动风险测度研究［D］.华北电力大学，2019.

［104］王娜.绿色发展战略下的山东省绿色金融体系构建研究［D］.中国石油大学（华东），2017.

［105］韦育君.我国碳排放权交易价格影响因素研究［D］.华中师范大学，2019.

［106］王亚群.宁波银行绿色金融业务发展研究［D］.东北石油大学，2019.

［107］杨均宝.江苏银行开展绿色金融业务案例研究［D］.哈尔滨商业大学，2019.

［108］刘烨.商业银行绿色金融业务发展研究［D］.浙江大学，2019.

［109］赵超.CS银行绿色金融产品创新风险管理研究［D］.南华大学，2019.

［110］杨炳金.碳交易视角下我国绿色金融融资趋势研究［D］.厦门大学，2018.

［111］戈棠琛.中欧碳价影响机理、波动趋势及市场风险对比研究［D］.江苏科技大学，2019.

［112］周伟.赤道原则下商业银行绿色信贷发展研究［D］.贵州财经大学，2019.

［113］张雪.浦发银行绿色金融资金运营风险评价研究［D］.燕山大学，2019.

［114］钱晨.JR农商行发展绿色金融的问题、原因及对策研究［D］.东南大学，2019.

［115］刘子嘉.我国绿色金融发展现状及改革路径探索［D］.武汉大学，2019.

［116］丛静，冯敏.碳金融模式下的风险分析研究［J］.经济研究导刊，2018，34:98-100.

［117］王颖，张昕，刘海燕，张敏思，田巍.碳金融风险的识别和管理［J］.西南金融，2019，02:41-48.

［118］陈亚芹，别智，酒淼.国内外绿色金融产品与金融政策综述［J］.建设科技，2019，05:50-59.

［119］陈诗一.绿色金融助力长三角一体化发展［J］.环境经济研究，2019，401:1-7.

［120］黄杰，薛峰，张鹏飞，金榜，李晓飞，王放，钱锋.基于碳

排放态势推演的电网碳资产管理策略分析［J］.全球能源互联网，2019，203:288-294.

［121］曹倩.我国绿色金融体系创新路径探析［J］.金融发展研究，2019，03:46-52.

［122］樊威，陈维韬.碳金融市场风险形成机理与防范机制研究［J］.福建论坛（人文社会科学版），2019，05:54-64.

［123］沈菲，郑祖婷.我国碳金融风险管理研究综述［J］.环渤海经济瞭望，2019，05:49-50.

［124］文洪武.碳金融支持雄安新区绿色发展路径探析［J］.河北金融，2019，08:4-6.

［125］王遥，崔莹，洪睿晨，江旻.2018中国环境权益市场报告［J］.环境经济，2019，18:18-45.

［126］杨博文.后巴黎时代气候融资视角下碳金融监管的法律路径［J］.国际商务研究，2019，4006:57-70.

［127］唐齐鸣,张宇迪,韩燕.湖北省高质量发展的金融支持政策研究［J］.当代经济，2019，12:60-64.

［128］杜莉，张云.碳金融交易问题研究述评［J］.江汉论坛，2013，01:44-49.

［129］张云，胡继立.碳金融的理论传承与实践进展——碳金融与绿色经济发展学术会议综述［J］.当代经济研究，2013，02:88-90.

［130］杨奇志，朱睿琪.碳金融对我国商业银行发展影响探讨［J］.现代商贸工业，2013，2504:103-104.

［131］陈菁.我国商业银行碳金融发展探究［J］.现代经济信息，2013，04:171.

［132］杜莉,张云,王凤奎.开发性金融在碳金融体系建构中的引致机制［J］.中国社会科学，2013，04:103-119+206-207.

［133］.绿色经济实现路径——中国碳金融交易机制研究［J］.吉林大学社会科学学报，2013，5304:2+177.

［134］李小庆.面向碳金融的银行科技创新［J］.中国金融电脑，2013，11:64-68.

［135］曹智超.低碳经济下商业银行房地产信贷风险研究［D］.四川农业大学，2014.

［136］翟大恒.我国与欧盟碳交易的市场风险比较研究［D］.山东财经大学，2016.

［137］陈超然.促进我国能源转型的绿色信贷制度研究［D］.西南政法大学，2016.

［138］范亚伟.皖北地区农业发展的金融服务支持研究［D］.安徽农业大学，2014.

［139］杜莉，韩丽娜.论碳金融体系及其运行架构［J］.吉林大学社会科学学报，2010，5005:55-61.

［140］赵杰.我国绿色金融发展的减贫效应实证研究［D］.云南财经大学，2020.

［141］王瑶瑶.商业银行绿色信贷产品创新问题研究［D］.兰州大学，2019.

［142］赵悦.商业银行环境责任法律规制问题研究［D］.华东政法大学，2016.

［143］张睿.我国商业银行绿色信贷产品创新研究［D］.兰州大学，2016.

［144］张新爽.商业银行绿色信贷风险管理研究［D］.吉林财经大学，2016.

［145］李琳.基于大气治理视角的我国绿色金融创新发展研究［D］.北京交通大学，2017.

［146］文江盼.金融支持新疆能源产业低碳化研究［D］.石河子大学，2017.

［147］王晶.我国商业银行碳金融业务发展研究［D］.山西财经大学，2017.

［148］洪雅.基于兴业银行浅析我国商业银行发展绿色信贷的对策［D］.哈尔滨商业大学，2017.

［149］李康琪.结构突变下的碳价波动及碳市场风险测度［D］.成都理工大学，2017.

［150］朱晓丹.基于投资者非理性行为的国际碳期货市场价格研究［D］.合肥工业大学，2017.

［151］陈思思.中国清洁发展机制项目风险管理研究［D］.西安理工大学，2017.

［152］王成成.绿色金融视角下欠发达地区绿色信贷发展问题研究［D］.兰州大学，2017.

［153］苗树伟.哈尔滨农商银行发展战略研究［D］.哈尔滨工业大学，2017.

［154］方堃.中国碳交易市场价格驱动因素及其关联效应的实证研究［D］.

北京邮电大学，2015.

［155］章桢．陕西 QN 银行发展战略研究［D］．西安电子科技大学，2015.

［156］梁轶男．基于 GARCH 模型的欧盟碳期货市场风险度量研究［D］．东北林业大学，2017.

［157］郑娟．兴业银行长沙分行环境金融业务营销策略研究［D］．湖南大学，2018.

［158］付宇超．我国多层次碳金融监管制度研究［D］．云南财经大学，2016.

［159］陈亚男．我国碳市场参与企业履约风险与防控研究［D］．天津科技大学，2015.

［160］陈伟杰．中国商业银行碳金融业务风险研究［D］．广东财经大学，2016.

［161］何荣乐．阳江市促进经济发展的区域金融支持对策［D］．华南理工大学，2016.

［162］葛潇逸．中国建设银行常州分行绿色信贷发展研究［D］．南京理工大学，2016.

［163］淡妮．商业银行绿色信贷项目的风险管控研究［D］．华北电力大学（北京），2016.

［164］卢灿．我国商业银行碳金融业务风险管理研究［D］．华北电力大学，2016.

［165］李静怡．"一带一路"建设中基础设施的绿色融资创新研究［D］．吉林大学，2020.

［166］王换娥，梁莉民．我国碳金融发展体系构建［J］．合作经济与科技，2011，09:61-62.

［167］宋景佳．东北地区商业银行碳金融业务发展机制研究［D］．哈尔滨理工大学，2016.

［168］王庆龙．碳排放权交易计价及结算货币视角的人民币国际化研究［D］．东北师范大学，2016.

［169］易长幸．国际碳金融体系下的中国气候外交研究［D］．湖北大学，2016.

［170］叶艺龙．我国商业银行绿色信贷业务风险管理研究［D］．华侨大学，2020.

［171］王翔．中国碳金融市场波动风险测算研究［D］．西安科技大学，2020.

［172］袁栋.西班牙碳基金—天津垃圾填埋气CDM项目风险分析［D］.暨南大学，2015.

［173］俞俏萍.论海峡西岸推进碳金融的路径选择［J］.经济与社会发展，2011，910:32-34.

［174］天大研究院课题组.后金融危机时代国际金融体系改革——中国的战略与抉择［J］.经济研究参考，2010，09:2-32+51.

［175］欧阳秋.商业银行推动碳金融市场建设的实践与建议［J］.海南金融，2021，03:76-82.

［176］胡维.绿色发展视阈下我国商业银行碳金融发展机制研究［D］.武汉工程大学，2019.

［177］杨文杰.中国碳汇股价指数的编制及其功能分析［D］.南京林业大学，2020.

［178］陈怡轩.商业银行国际合作对其绿色信贷的影响研究［D］.暨南大学，2019.

［179］范玉恒.推进绿色金融改革创新试验区建设的对策研究［D］.兰州财经大学，2020.

［180］张兴尧.基于碳排放管理系统的Y集团碳资产管理研究［D］.北京化工大学，2020.

［181］黄宰胜.基于志愿市场的碳汇林业融资机制研究［J］.绿色财会，2011，12:16-21.

［182］赵鑫鑫.论气候变化法中区域环境治理体系的建立［J］.中国政法大学学报，2016，03:114-120.

［183］苏蕾,梁轶男.欧盟碳期货交易价格及市场风险分析［J］.浙江金融，2016，05:24-30.

［184］方智勇.商业银行绿色信贷创新实践与相关政策建议［J］.金融监管研究，2016，06:57-72.

［185］王丹,程玲.欧盟碳配额现货与期货价格关系及对中国的借鉴［J］.中国人口·资源与环境，2016，2607:85-92.

［186］王红野，区美瑜，马婧.基于碳交易实践的CCER项目投融资模式分析——以三峡集团CCER项目融资模式为例［A］.国际清洁能源论坛（澳门）.温室气体减排与碳市场发展报告（2016）［C］.国际清洁能源论坛（澳门）:，2016:36.

［187］俞俏萍.低碳经济下商业银行参与碳金融的几点思考［J］.财务与金融，2011，05:6-9.

［188］宋亚植.中国碳市场政策对价格的传导路径研究［D］.哈尔滨工业大学，2018.

［189］杜莉，王利，张云.碳金融交易风险：度量与防控［A］.全国高等财经院校《资本论》研究会.全国高等财经院校《资本论》研究会 2014 年学术研讨会论文汇编（下）［C］.全国高等财经院校《资本论》研究会：，2014:12.

［190］周星.我国区域碳排放差异性及初始碳配额测度研究［D］.中国矿业大学，2017.

［191］蒋超.考虑市场参与者行为的碳市场风险防控方法研究［D］.南京理工大学，2018.

［192］李平衡.农业生态资源资本化运营及其政策需求研究［D］.中南财经政法大学，2018.

［193］王康仕.工业转型中的绿色金融:驱动因素、作用机制与绩效分析［D］.山东大学，2019.

［194］谭雪萍.碳期货与关联资产间的相依性变化机理及碳价预测研究［D］.中国矿业大学，2019.

［195］路京京.中国碳排放权交易价格的驱动因素与管理制度研究［D］.吉林大学，2019.

［196］林宣佐.基于绩效评价的我国森林碳汇支持政策体系研究［D］.东北农业大学，2019.

［197］徐涛.全国碳排放交易体系启动碳市场建设迎来新起点［A］..风能产业（2018 年 1 月）［C］，2018:8.

［198］周津宇.绿色发展视阈下的国有金融资源配置研究［D］.吉林大学，2019.

［199］王忠超.基于 BP 神经网络的绿色信贷信用风险评价研究［D］.中国海洋大学，2013.

［200］施圣杰.生态文明建设中我国低碳农业发展法律问题研究［D］.华中农业大学，2014.